LE

# POUVOIR TEMPOREL

## ET LE RÉGIME MUNICIPAL

### DANS UN ÉVÊCHÉ DE L'EMPIRE GERMANIQUE

*JUSQU'A LA RÉFORME*

## (L'ÉVÊCHÉ DE BÂLE)

—

NOTES ET APPENDICES

GLOSSAIRE — INDEX

IMPRIMERIE
CONTANT – LAGUERRE

BAR-LE-DUC

# LE
# POUVOIR TEMPOREL

ET LE

## RÉGIME MUNICIPAL

DANS UN ÉVÊCHÉ DE L'EMPIRE GERMANIQUE

*JUSQU'A LA RÉFORME*

## (L'ÉVÊCHÉ DE BÂLE)

Par L. STOUFF

DOCTEUR EN DROIT

## NOTES ET APPENDICES

GLOSSAIRE — INDEX

PARIS

## L. LAROSE ET FORCEL

Libraires-Éditeurs

22, RUE SOUFFLOT, 22

—

1891

# NOTES ET APPENDICES.

Le IV<sup>e</sup> volume des *Basler Chroniken*, préparé par M. A. Bernoulli,
vient de paraître (Leipzig, Hirzel, 1890). Il renferme : 1° *Chronikalien
der Rathsbücher* (1356-1548), p. 17-105 ; 2° *Hans Brüglingers Chronik
im Zunftbuche der Brodbecken* (1444-1446), p. 174-208 ; 3° *Die Chronik
Erhards von Appenwiler* (1439-1471), *mit ihren Fortsetzungen bis 1474*,
p. 249-361 ; 4° *Anonyme Zusätze und Fortsetzungen zu Königshofen*
(1120-1454), p. 422-459. D'autres chroniques moins importantes ont
été publiées parmi les *Beilagen*.

Ce volume a fourni la matière des appendices et de plusieurs des
notes que l'on trouvera ci-après.

## 1° NOTES.

P. 3, n. 2. — V. pour les plaids généraux (*Reichstage*) convoqués
à Bâle par Louis le Germanique en 859, Conrad le Salique en 1025,
Henri IV en 1061 : *Ruodolfi Fuldensis Annales* (*M. G., S. S.*, I, p.
373, l. 8), condicto placito autumni tempore iuxta *Basalam*; Wiponis
*Vita Chuonradi Imp.* (*M. G., S. S.*, XI, p. 263, l. 46), colloquio regali
habito *Basileæ*; *Bertholdi Annales* (*M. G., S. S.*, V, p. 271, l. 35), ad
se convocatis omnibus *Italiæ* episcopis generalique conventu *Basileæ*
habito.

P. 45, n. 6. — *La famille de Tavannes*. Les Tavannes dont le nom
sera illustre dans l'histoire de la France du xvi<sup>e</sup> et du xvii<sup>e</sup> siècle étaient
au moyen-âge d'obscurs vassaux des chanoines de Moutier-Grandval
(*La vie de Gaspar de Saulx, seigneur de Tavannes*, dans Michaud
et Poujoulat, *Nouvelle collection des mémoires relatifs à l'histoire de
France*, VIII, 1866, p. 54). Est-il besoin de dire que la généalogie
de la famille de Tavannes qui précède la vie de Gaspar de Saulx
renferme une partie tout à fait légendaire, celle des origines? La
reine Berthe, qui était en réalité fille du duc de Souabe et femme
de Rodolphe II, roi de la Bourgogne transjurane, vivait au x<sup>e</sup> siècle.
Elle n'a donc ni fondé l'abbaye de Moutier, ni relevé les corps de
saint Germain et de saint Randoald (Bobolène, *Vita S. Germani*, T.,
I, 29). Elle n'a pas davantage ouvert le chemin qui traverse les gorges

de Moutier et Pierre Pertuis (P. J., p. 15, p. 147, n. 3), la même
légende courait sur saint Germain (cernens... quod difficilis esset in-
troitus eorum cœpit saxorum dura manibus quatere, et valvæ utra-
que parte vallis patuerunt, p. 52). D'autre part, le nombre des géné-
rations indiqué par la généalogie ne permet pas de reculer l'origine
de la famille noble de Tavannes beaucoup au delà du xiiie siècle, et
c'est en effet, dans des chartes de la fin du xiie siècle que l'on rencontre les premiers chevaliers de Tavannes (T., II, 16, 17, v. 1181).
Les noms de personnes et de lieux sont étrangement défigurés dans
cette généalogie, les erreurs y abondent, Vellay est peut-être Bellelay,
Tavannes n'a jamais fait partie du comté de Ferrette, il n'y a jamais
eu d'évêque de Berne. V. du reste pour Henri (Ouris) et Perrette de
Colombier, déjà morts en 1340, T., III, p. 789, pour Ouris et Catherine
(Alix) de Châtelvouhay, IV, 41 (1357), pour Regnaut Ouldriot ou An-
drien, IV, p. 772 (1382, 25 avr.), p. 818 (1391, 22 mars), pour Pe-
termann Oudriot et Marguerite de Massevaux (Moissenot), V, 121
(1441), p. 814 (1456, 14 juin), morts tous deux en 1467 le *Liber vitæ
capituli S. Ursicini* (T., V, p. 838, 24 sept.; p. 839, 3 nov.).

P. 58, n. 5. — *Valeur militaire des* ministeriales. V. encore pour
Henri Munch, *Chronic. Alberti Argent.* (T., III, p. 838), Boos, *Le
Monne de Basele* (*Indicateur d'histoire suisse,* nouv. série, XX, 1889).
— En 1569, François Schaler, le dernier de sa race, prend part à
l'expédition que le comte palatin Wolffgang de Deux-Ponts conduit
au secours du prince de Condé et périt avec sa compagnie (Fehnlin)
à la bataille de Montcontour (Wurstisen, p. xxj. *Basl. Chron.*, I, p.
172, l. 40; p. 224, l. 3). — A Morat, Arnold de Rotperg, le chevalier
sans peur (*miles imperterritus, der kuen man*) rejoint Charles le Téméraire, le blesse d'un coup de lance, il est armé chevalier le jour
même de la bataille (*Basl. Chron.*, III, p. 13, l. 5; p. 16, l. 15).

P. 67, n. 1. — *Le cercle des échevins.* V. le procès de Pierre de
Hagenbach, 1474 : Judex presidens... juxta morem judiciorum layco-
rum PER ROTAM interrogavit primo... *Heinricum Ysenlin...* ut suam
sentenciam... proferret, qui... dixit..., interrogatis itaque singulis
singuli sentenciam primi approbaverunt (*Basl. Chron.*, II, p. 89, s.).

P. 92, n. 1. — *Noms de domaines et noms de propriétaires.* Le nom
de plusieurs domaines était dérivé d'un nom de propriétaire. La plupart
de ces noms de domaines appartiennent à la période franque, un seul,
*Chaviniacus* (Chevenez) semble remonter à l'époque romaine. Nous
trouvons par exemple : *curtis Udulphi* (Courtedoux), *Rendelana curtis*
(Courrendlin, *F. R. B.*, I, 65, 885), *curtis Alerici* (Courtelary, T., I,
81, 965), *Wandeleincurt* (Vendelincourt, Wendelsdorf, 176, 1136);
*Honoltesvillare* (Onoltschwiller, Boos, I, 5, 835), *Roconis villare*
(Reconvilier, *F. R. B.*, ibid.), etc. (Cpr. Fustel de Coulanges, *L'alleu*

*et le domaine rural pendant l'époque mérovingienne*, 1889, p. 220, s.;
D'Arbois de Jubainville, *Recherches sur l'origine de la propriété fon-
cière et des noms de lieux habités en France*, 1890. S. Reinach, *Compte
rendu* dans la *Revue critique d'histoire et de littérature*, 1890, p. 439
(550). A l'époque féodale les sommets des montagnes (*berge*), les
pointes des rochers (*steine*), les détours des vallées (*ecken*) se gar-
nissent de tours d'observation (*warten*) ou de châteaux forts (*burgen*).
Plusieurs noms viennent de cette époque. Tels sont *Friderichswart*,
la tour de Frédéric (Frinvilier, T , III, 95, v. 1311. Cpr. Wart,
Wartenberg, Wartenfels), *Chastelvouhai*, le château de l'avoué (Vogt-
sburg), *Montvouhai*, le mont de l'avoué (Vogtsberg, II, 311, 1284).
Les châteaux de quelques familles de chevaliers ou de *ministeriales*
de l'église portaient le nom de leurs maîtres joint au mot *berg, stein*
ou *eck*. Ces familles elles-mêmes s'appelaient du nom de leurs châteaux Münch de *Münchsberg* (526, 1300), Münch de *Münchenstein*,
Reich de *Reichenstein*, Schaler de *Schalberg*, Schenk (*Pincernæ*) de
*Schenkenberg* (Wurstisen, p. xxij, xxv, liij. *Basl. Chron.*, IV, p. 371,
l. 10), Wild de *Wildeck* (T., II, p. cxxxi).

P. 97, n. 8. — *Transmission des colonges en plaid.* 1210. Ego
*Arnoldus*, abbas *Morbacensis* notum facio..., quod *Hugo* miles *Basiliensis* dictus *de Reno* huobam unam, quam apud *Atcmeswilre* in
beneficium a nobis tenebat, in manum nostram publice resignavit
apud villam *Bercholz* in sollempni placito, quod vulgo dicitur « dinch »
ubi multi tam ministeriales nostri quam alii convenerant, ea videlicet
conditione prefixa ut eamdem huobam fratribus *Lucelensis* cenobii
sub annuo censu perpetuo tenendam concederemus. Quod et fecimus
(*UB. Basel*, I, 80).

P. 100, n. 1. — *Nombre et époques des plaids généraux.* [Item dient
et rappourtent lesdis prodomes que doivent tenir] nos seigneurs audit
lieu de *Cheueney* trois plais, cest assauoir au mois de feurier, au mois
de may et au mois de septembre autrement de erbalx. Item dient...
que ledit embourg doit recepure bien et deheuement le grant preuost
de lesglise de *sainct vrsanne* luy troisieme, quant il vient en ladite
ville de *cheueney* pour tenir les dessusdiz trois plais (Rôle mss. des
colonges de Cheveney, écriture du xv<sup>e</sup> siècle, archives de la cure de
S<sup>t</sup> Ursanne. Ce rôle d'une étendue encore considérable a été rogné
aux deux extrémités et sur le côté droit. Au dos, d'une écriture mo-
derne : Fragment du rôle des collongiers du chapitre de S<sup>t</sup> Ursanne
à Chevenez, du xv<sup>e</sup> siècle. Plus bas, d'une écriture plus ancienne :
Partie du roll de Chevenée).

P. 102, n. 3. — En 1038, l'empereur Conrad II tient à Soleure
le plaid général d'automne : transactis tribus diebus generalis collo-
quii (Wiponis *Vita Chuonradi Imp.*, M. G., S. S., XI, p. 273, l. 43).

P. 103, n. 2. — V. en sens divers pour ce diplôme de Louis le Débonnaire : Dom Bouquet, *Recueil des historiens des Gaules et de la France*, VI, 118, p. 535, note *b* ; Pardessus, *Des juridictions privées ou patrimoniales sous les deux premières races* (*Bibliothèque de l'Ecole des Chartes*, II, 1840-1841, p. 113) ; Heusler, *Verfassungsgeschichte der Stadt Basel*, p. 12, s.; l'abbé Hanauer, *Les paysans de l'Alsace au moyen âge*, p. 80, 295 ; Waitz, *Deutsche Verfassungsgeschichte*, IV, 2ᵉ édit., p. 471, n. 3; Glasson, *Histoire du droit et des institutions de la France*, II, 1888, p. 205, n. 3, III, 1889, p. 381, n. 1 ; Böhmer-Mühlbacher, *Regesta Imperii*, I, 1889, p. 278, nº 751. Louis le Débonnaire n'a employé la formule *divina repropitiante clementia* qu'après son second rétablissement sur le trône en 834 (D. Bouquet, 188). Auparavant la formule en usage était *divina ordinante providentia*. Le titre *archicancellarius* apparaît pour la première fois en 878 (Böhmer-Mühlbacher, p. LXXXVII). Dans les diplômes rédigés à l'époque où l'abbé Fridugis dirigeait la chancellerie impériale, on lit *ad vicem Fridugisi abbatis* (D. Bouquet, 106, 109, 110, a. 822), ou plus souvent *ad vicem Fridugisi* (123, a. 824. Tardif, *Monuments historiques*, cartons des rois, 113, 114, a. 820, etc.).

P. 121, n. 1. — *Sur les rapports du pouvoir temporel et de la municipalité de la ville épiscopale pendant la vacance de l'évêché par le décès du titulaire. Basl. Chron.*, IV, p. 57 (1451), p. 81 (1479), p. 85, s. (1502). Ces rapports étaient réglés par des usages et par un cérémonial dont tous les documents s'accordent à affirmer l'antiquité. Le pouvoir temporel et le pouvoir municipal étaient deux alliés qui se devaient mutuellement égards et assistance. La bourgeoisie de la ville épiscopale assistait aux obsèques de l'évêque défunt, prenait part à l'administration intérimaire du domaine temporel, puis à l'installation du nouvel évêque. — 1º *Sépulture de l'évêque défunt*. Le chapitre de la cathédrale annonçait officiellement au conseil de ville la mort de l'évêque. Il l'invitait aux funérailles. Le conseil répondait par un compliment de condoléance. L'étiquette déterminait à quelle place et dans quel appareil la bourgeoisie devait paraître (*erscheinen*) dans le cortége funèbre. Les deux conseils de ville, l'ancien et le nouveau, le conseil ancien et le conseil nouveau de chaque tribu (*alt und nûw sechs*) marchaient derrière le corps, après le coadjuteur, s'il y en avait un. L'ordonnance du conseil du 6 janvier 1451 disposait que les magistrats ne porteraient point de cierges. Venaient ensuite les cierges des tribus (*zunftkertzen*), c'est-à-dire les gens des tribus en procession (*in einer procession*), des cierges à la main, selon la coutume que l'on observait aux anniversaires des évêques (*als man zu ander bisschoffen jorziten gewonheit het ze tunde*). — 2º *Administration intérimaire du domaine temporel*. En même temps que les chanoines informaient le conseil du décès de l'évêque, ils l'invitaient à leur adjoindre une délégation de conseillers (*inen ratzbotten zuo zeordnen*). Ces délégués devaient aider le chapitre à gouverner les villes, châteaux, pays et gens de l'église pendant la vacance et parcourir le domaine pour recueillir le serment de fidélité des sujets (*der stifft stett, slosz, lannd und lute helffen innemmen und schweren*). En 1493, le chevalier Bernhard Surlin et l'*achtburger* Antoine de Laufen firent une tournée dans plusieurs villes et châteaux de l'évêché (*Telsperg, Purrentrut, zur Nuwenstatt, Louffen, Goldenfelsz, Sannt Ursicien, Metzsch*). — 3º *Election et installation du nouvel évêque*. D'abord la commune intervenait dans l'élection. Le conseil, en 1502, recommandait au chapitre de choisir l'évêque à l'unanimité des voix, afin d'éviter les troubles auxquels les élections doubles (*zweyung der chur*) avaient donné lieu dans d'autres évêchés. C'était là une intervention spontanée, mais le conseil était prié officiellement par le chapitre d'assister aux cérémonies de l'élection. Tous les hauts vassaux de l'église, les Habsbourg, les margraves de Baden, les Thierstein, les Ribeaupierre, ou leurs fondés de pouvoir, s'assemblaient dans la cathédrale sur la convocation du chapitre (T., I, p. cxxvii). Les Habsbourg firent sentir plusieurs fois leur influence dans le choix de l'évêque. Au xiiiᵉ siècle, trois créatures de Rodolphe de Habsbourg, Henri d'Isny (1275-1286), Pierre Reich (1286-1296), Pierre d'Aspelt (1296-1306, Heidemann, *Peter von Aspelt*, 1875, T., II, p. 634, n. 1) se succédèrent sur le trône épiscopal. En 1502 encore, le seigneur de Stouffen, délégué impérial à l'assemblée des hauts vassaux, présenta une lettre par laquelle l'empereur Maximilien recommandait au chapitre d'élire un jeune seigneur de Morimont, fils du bailli de l'Autriche en Alsace. La bourgeoisie de la ville épiscopale était considérée comme l'égale des grands vassaux, elle avait ses représentants dans leur assemblée, c'étaient le maître-bourgeois et quelques conseillers. Après l'élection, le conseil était invité au banquet qui réunissait les vassaux et les chevaliers de l'église (*Basl. Chron.*, III, p. 220, l. 26; IV, p. 81, l. 28). Enfin le chapitre priait le conseil de vouloir bien placer auprès de Sa Grâce (*sinen gnaden*) l'évêque élu une nouvelle commission (*ratsbottschafft*) qui l'aiderait à prendre en main le gouvernement du domaine et l'assisterait dans son administration temporelle jusqu'à la confirmation papale. — Cpr. *Revue d'Alsace*, 1872, p. 441, s.

P. 127, n. 3. — 1454. Her *Hans Munch* von den burgern (*Basl. Chron*, IV, p. 318, l. 4).

P. 141, n. 4. — V. une nouvelle explication de ce texte dans Heusler, *Der Bauer als Fürstengenoss* (*Zeitschrift der Savigny Stiftung*, VII, 1887, german. abtheil., p. 235) et Schrœder, *Lehrbuch der deutschen Rechtsgeschichte*, 1889, p. 438, n. 97. Cpr. *Institutionen des deutschen*

*Privatrechts*, I, 1885, p. 178, où Heusler adoptait l'interprétation de Zœpfl.

P. 142, n. 4. — *Gewerf* (*exactio*) opposé à *steuer* (*stura*, *collectatio*, *tallia*) par exemple dans la formule *gewerf und steuer* (T., I, 426, 1254; III, 287, 1337; IV, p. 264, 1368, p. 500, 1388) paraît désigner un subside extraordinaire. L'impôt levé pour la guerre de l'empereur ou pour le voyage de l'évêque à la cour impériale est un *gewerf* (Cpr. : *Br.*, § 2, p. 17 et *UB. Basel*, I, 55, 1185-1190).

P. 144. — *L'ungelt et les campagnes voisines de la ville. Les habitants de la Franche-Montagne refusent de payer* l'ungelt *aux bourgeois de Saint-Ursanne* In nomine domini amen. Per hoc presens publicum instrumentum omnibus pateat evidenter quod anno domini millesimo tricentesimo octogesimo secundo, dominica proxima post festum penthecostes, hora meridiei vel circa, ante castrum *Kallenberg Bisuntine* diocesis, pontificatus sanctissimi in X° patris ac domini nostri domini *Clementis*, digna Dei prouidentia pape vii$^{mi}$ anno quarto, jndictione quinta, sedente *Johanne* dicto *Siblottet* de *Treuiler*, armigero, castellano in *Kallenberg* et villico villicature oppidi *Sancti Ursicini*, pro tribunali judicio aperto pro causa infrascripta, comparuerunt et constiterunt coram dicto *Johanne Siblottet* judicii in figura, et coram me notario suprascripto et testibus infra scriptis, *Johannes* dictus *Grenelat* junior, magister burgensium oppidi *Sancti Ursicini*, vna cum quampluribus oppidanis de *Sancto Ursicino* nomine ipsorum ac tocius communitatis dicti oppidi *Sancti Ursicini* exvna, et *Perrinus* dictus *Truenez* vna cum pluribus hominibus et habitatorihus in montibus videlicet de *Múrial, Sonneligilje, Pomerat, Belmont* et *Montfacon*, nomine ipsorum et aliorum in dictis montibus habitantium altera. Qui idem *Johannes Grenelat* magister burgensium vna cum aliis oppidanis ibidem astantibus per *Willelmum* piscatorem de *Sancto Ursicino* ipsorum prelocutorem petitum et obtentum pro eisdem a dicto judice, requisiuit et peciit idem *Willelmus* tamquam prelocutor nomine dicti *Johannis Grenelat* et omnium aliorum burgensium et communitatis oppidi *Sancti Ursicini* a dictis hominibus et habitantibus exactionem vini vulgariter dictam « vngaul » prout reuerendus in X° pater et dominus dominus *Johannes*, Dei et apostolice sedis gratia episcopus *Basiliensis*, iam longo tempore dederat per suas litteras, vt asseruerunt, dictis oppidanis oppidi *Sancti Ursicini* ad firmandum et reparandum villam *Sancti Ursicini*, videlicet muros, propugnacula, fossata et defensoria, ut idem oppidum *Sancti Ursicini* eo fortius et firmius existat. Quibus petitis dicti homines tunc presentes de montibus pecierunt sibi dari dominum *Perrinum Truenez* pro prelocutore a dicto *Johanne Siblottet*. Quo dato et obtento pecierunt deliberationem et consilium ad respondendum, se contrahentes ad aliam partem.

Inito et accepto consilio, dicti homines reuertentes coram judicio,
dictus *Perrinus Truenez,* nomine ipsorum et pro ipsis, verbis gallicis
respondit in hunc modum : « Chier signours enxi comme vous nouz
« demandeiz lez vngaul lequelz nous vous deuont paier, saichez que
« nous non sumez a vous, ne sumez rienz tenúz a vous, maix nous
« sumes dez bornees de vous. » Quibus responsionibus factis et pe-
ractis, dictus *Johannes Grenelat,* nomine sui et burgensium oppidi
*Sancti Ursicini* peciit sibi a me notario subscripto fieri publicum jns-
trumentum vnum siue plura in testimonium premissorum. Acta sunt
hec anno, die, hora, loco, pontificatu, jndictione quibus supra, pre-
sentibus testibus dicto *Bandelier* de *Porrentruy, Johanne Forolat,
Johanne Bukeran* et *Petro Hugeneti* de *Telsperg* ad premissa vocatis
pariter et rogatis.

(Signum solitum) Et ego *Nicholaus Sidelin* de *Sletzstat,* clericus *Ar-
gentinensis* diocesis, jmperiali auctoritate publicus notarius in su-
prascriptis omnibus et singulis vna cum predictis testibus presens
fui et omnia vidi et audiui fieri eaque in hanc publicam formam redegi
et signo meo sclito et consueto signaui rogatus et requisitus in testimonium premissorum (Arch. de Saint-Ursanne, original. Au dos
d'une écriture du xvi° siècle : A cause des engalx en toutte la signorie
de *Sainct Ursane).* T., V, r., p. 696 (1382).

P. 152, n. 1. — *Les Bâlois à Saint-Jacques. Heniman Sevogel*
wart erslagen (*Basl. Chron.,* IV, p. 257, l. 5). Il commandait les gens
de Liestal et de Waldenbourg (A. Bernoulli, *Die Schlacht bei* St.
*Jacob an der Birs.* Eine kritische Untersuchung, Bâle, 1877. Vischer-
Merian, *Henmann Seevogel und sein Geschlecht,* Bâle, 1880). — La
milice communale qui était partie au secours des confédérés fut obli-
gée de se replier pour protéger la ville contre une attaque des Armagnacs. Elle ne parut pas sur le champ de bataille (*Basl. Chron.,*
IV, p. 177, s.; p. 257, Æneas Sylvius, *Opera,* Basileæ, 1571, p. 574,
D, p. 439).

P. 160, n. 3. — 1478. *Johannes Hürling* tunc advocatus et ceteri
precones judicii secularis *Basiliensis* (*Basl. Chron.,* III, p. 196, l. 9).

P. 178, l. 22. — *Rodolphe de Habsbourg, les Munch et les Schaler.*
Zur Wahl *Rudolfs* von *Habsburg.* Do in die fúrsten erkuren ze *Frank-
furt,* do lag er vor der vesti ze *Basel...* Und geschach im leides vil
von des bischoffs manen. Der woren enteil geheissen... die *Múnch..*
Und enteil hiessen die *Scholler* Die *Basler Zusätze zur Sachsischen
Weltchronik, Basl. Chron.,* IV, p. 369).

P. 187, n. 3. — Adelberg de Berenfels, l'un des nobles mis au
ban par la commune le 21 juillet 1445, était bailli autrichien à Lau-
fenburg en 1443 (*Basl. Chron.,* IV, p. 192, n. 5). En 1465, Henri
Reich gouvernait pour l'Autriche l'Alsace et le Brisgau (p 59, n. 2).

P. 191, n. 1. — 1412. Under hern *Arnolt* von *Berenfeils* ritter burgermeister, *Henmann Buochpart* ammanmeister (*Basl. Chron.*, IV, p. 24, l. 22).

P. 194, n. 1. — *Comment s'acquérait le droit de cité.* V. dans les *Basl. Chron.*, IV : 1° *Chronikalien der Rathsbücher.* Dans les « registres du conseil » la mention des campagnes faites par la bourgeoisie est presque toujours suivie de l'énumération des personnes qui ont « mérité » (*verdient*) le droit de cité en prenant part à l'expédition. Par exemple : Anno domini 1366, sub domino *Ottemanno Scalarii* milite, magistro civium, da verdientent die, so hienach verschriben stant, ir burgrecht, als unser eitgenossen von *Friburg* uns gemant hattent gen *Brisach* uffe grafe *Egen* von *Friburg* und sin helffere (*folgen 108 Namen*) (p. 18, l. 10). — 2° A. Bernoulli, *Die Bürgeraufnahmen im XIV und XV Jahrhundert* (p. 142, s.).

Il y a trois conclusions à dégager de cette étude : 1° L'acquisition de la bourgeoisie par service militaire était plus fréquente que l'acquisition par achat. Depuis l'année 1356, jusqu'au commencement de l'année 1448, environ douze cents candidats à la bourgeoisie achetèrent le droit de cité, plus de cinq mille le « méritèrent ». — 2° La commune cherchait à augmenter le nombre des bourgeois et poussait à l'acquisition du droit de bourgeoisie. L'ordonnance de 1441 abaissa de dix à quatre florins le prix d'achat. En 1484, la commune voulant faciliter le paiement aux artisans pauvres, décréta qu'il pourrait être fait en quatre annuités. Enfin, le conseil, par une décision de 1488, ordonna que tous les membres des tribus seraient tenus d'acheter la bourgeoisie dans le délai d'un mois. Cependant quelques ordonnances restreignaient l'acquisition par service militaire. Après les campagnes de 1415 contre Frédéric d'Autriche, le conseil limita au terme de quatorze jours, à compter du retour de l'armée communale, le délai pendant lequel le candidat au droit de cité devait réclamer son admission, et décida que nul ne serait reçu s'il ne possédait au moins un heaume (*helm*), un haubert (*panzer*) et une paire de gantelets (*blechhandschuhe*). — 3° Enfin, il existait une certaine corrélation entre l'acquisition du droit de cité et l'admission dans les tribus. L'ordonnance qui abaissait le prix d'achat de la bourgeoisie diminuait en même temps les droits d'entrée dans les corps de métiers. D'après une ordonnance de 1403, ceux qui méritaient la bourgeoisie étaient reçus dans la tribu de leur choix, sans payer la taxe d'entrée. On a vu qu'à partir de 1488, quiconque faisait partie d'une tribu fut obligé d'entrer dans la bourgeoisie.

P. 199, n. 1. — *L'affaire des pensions.* Un fait postérieur à l'entrée de Bâle dans la confédération suisse achèvera de peindre le gouvernement des riches et ses rapports avec le commun peuple (*gemein volk*`, c'est l'affaire des pensions, en 1521. Quelques années avant, François Ier avait conclu avec les confédérés la *Paix perpétuelle.* Il s'engageait par une clause du traité à payer à chaque canton une pension annuelle de deux mille francs. En 1521, une nouvelle convention avait accru le chiffre de la pension et autorisé le roi de France à lever, en temps de guerre, des troupes sur le territoire de la confédération (Wurstisen, p. DXXV, DXXX; *Basl. Chron.*, I, p. 26, l. 32). D'après ce traité, chaque membre du conseil de Bâle devait recevoir une pension de quinze couronnes et chaque membre du grand conseil une pension de six couronnes (Wurstisen, p. DXXXIJ, al. 2. *Ein Bericht über die in Folge der französischen Pensionen im Jahre 1521 in Basel entstandene Bewegung, Basl. Chron.*, I, p. 211, s.). La bourgeoisie de Bâle avait fourni de suite ses premiers contingents. « Nous vendions tous les jours nos bons bourgeois, » s'écrie le chroniqueur Ryff (*Also verkoufften wir teglich unsere gutten burger, Basl. Chron.*, I, p. 33, l. 7). On avait sous les yeux le pénible spectacle de confédérés servant des princes ennemis et se rencontrant sur le champ de bataille (*Do wasz eydgnosz wyder eydgnosz*, p. 28, l. 37). Les bourgeois commencèrent à dire tout bas que plusieurs conseillers et les principaux magistrats touchaient en secret une pension supérieure à celle que la convention leur assignait (p. 29, l. 25). La rumeur populaire grandissait toujours. Il est facile de voir par l'attitude du conseil que dès cette époque l'aristocratie de richesse renversée huit ans plus tard par la Réforme se sentait ébranlée. Pour donner satisfaction à l'opinion, peut-être aussi dans l'espoir que personne n'oserait parler ouvertement, le conseil enjoignit à tout bourgeois, au nom de la foi jurée à la cité, de désigner par leur nom les magistrats que l'on accusait de prévarication. Il se trouva une vingtaine de coupables qui recevaient des pensions proportionnées à leur situation et à leur influence dans la commune. Le grand conseil fut convoqué. Il tint durant trois jours des séances de plus en plus orageuses (*ie lenger ie bœser*). Cependant plusieurs conseillers, au nombre de dix environ, s'enfuirent de la ville. Le maître général des tribus, Ulrich Falckner, le maître-bourgeois, Jacob Meier zum Hasen, furent jetés en prison. Beaucoup de conseillers, entre autres l'ancien maître général, Hans Trutman, furent destitués. On renouvela le corps municipal. Enfin, une ordonnance du grand conseil du 19 octobre 1521 interdit pour toujours aux autorités communales d'accepter des pensions. Ce fut la première victoire que le parti démocratique remporta sur la classe riche.

P. 218, l. 23. — Anno domini 1365, tempore estivale, *Anglicorum* plus quam 6 milia intraverunt *Alsatiam...* Deinde per imperatorem *Karolum* omnesque inperii civitates transz montana *Maszmunster* fuerunt efugati (*Die Annalen von Päris, Basl. Chron.*, IV, p. 377, l. 11),

# 2° APPENDICES.

## I.

### Sur le patriciat au XVᵉ siècle.

L'ensemble des chevaliers et des *achtburger* ou le patriciat s'appelait, au xvᵉ siècle, la *noblesse* ou la *haute chambre.* Nous trouvons le premier de ces noms dans le passage suivant des *Livres du conseil :* « Le 11 juillet 1468 nous eûmes une chaude alarme, chacun revêtit son harnais de guerre, les tribus s'assemblèrent dans leurs maisons, les chefs, la *noblesse* et d'autres se réunirent à la maison de ville (1). » Dans un sens plus étroit, le mot *noblesse* ne désignait que la classe des chevaliers. « La noblesse et les *achtburger*, dit Appenwyler, furent chassés du conseil (2). »

Le terme propre pour désigner le patriciat était celui de « *haute chambre* » (*hohe stube*) (3). Il ne faut pas confondre la « haute chambre » avec la « chambre haute » ou « supérieure » (*obere stube*). La haute chambre était le patriciat tout entier. La chambre supérieure que l'on opposait à la chambre *zum Seufzen* ou « chambre basse » (*niedere stube*) (4), était la première chambre du patriciat. La chambre supérieure elle-même se composait de deux chambres, la chambre *zur Mucken* et la chambre *zum Brunnen* (5). La première paraît avoir été le lieu de réunion des familles les plus nobles du patriciat. Ce fut dans la chambre *zur Mucken*, transformée en conclave,

(1) 68 uff mentag vor sannt keyser Heinrichs taghe wurdent wir vast unruowig in der statt, und leyt yedermann syn harnesch an; und kament die zúnfſte zesamen in iren zunffthúsern, und die houbter und edel und ander uff dem rathusz. (*Basl. Chron.*, IV, p. 67, s.). Wurstisen, p. ccxlv.

(2) *Basl. Chron.*, IV, p. 277, l. 26.

(3) *Basl. Chron.*, IV, p. 65, l. 4. Cpr. : p. 341, l. 14. Major stuba (II, p. 418, l. 1).

(4) Supra, p. 136. *Basl. Chron.*, IV, p. 78, l. 6; p. 341, l. 14.

(5) Supra, p. 110, n. 1. *Basl. Chron.*, IV, p. 91, l. 5 (1507).

qu'eut lieu, en 1439, l'élection d'Amédée de Savoie sous le nom de Félix V. Les chevaliers, les barons et les nobles gardèrent jour et nuit pendant sept jours les portes du conclave (1). Ce fut aussi dans cette chambre que la commune donna des fêtes et des bals (*tänze*) pour la réception d'Albert d'Autriche, en 1450, de Sigismond d'Autriche en 1466, de l'empereur Frédéric III en 1473 (2).

Confondus sous les mêmes noms de haute chambre et de noblesse, la classe des chevaliers et celle des *achtburger* suivaient aussi les mêmes destinées. Deux grands faits dominent l'histoire du patriciat au xv<sup>e</sup> siècle. Le premier est la décadence de la haute chambre et surtout de la caste des chevaliers. Le second est l'assimilation progressive des *achtburger* aux chevaliers.

I.

Si l'on rapproche des documents du xv<sup>e</sup> siècle la liste des familles de chevaliers qui faisaient partie de la commune au xiii<sup>e</sup> siècle (3), on s'aperçoit que la plupart de ces familles se sont éteintes, ou ont quitté la ville à la suite des proscriptions. Les Schaler, par exemple, vivent depuis 1374 sur les terres des Habsbourg ou dans leur domaine de Benken (4). C'est à peine s'il reste huit familles de chevaliers, les de Baden, d'Eptingen, Munch, de Ramstein, de Rotperg, Reich, ze Rhein, enfin les de Berenfels qui se perpétuent dans la charge de maître-bourgeois. Comme la classe des *milites Basilienses* ne s'est augmentée d'aucune famille nouvelle, on voit que la plus ancienne noblesse de la cité est sur le point de disparaître.

Parmi les anciennes familles des *achtburger* (5) nous retrou-

---

(1) 1439. In der herren stuben *zer Muggen,* das zuo eime conclave gemacht wart (*Basl. Chron.,* IV, p. 51, l. 23). Intrarunt... ad conclave, ad domum vulgaliter *zer Mugen* ad stuffam nobilium; et milites, barones, nobiles custodierunt ibidem circumquaque dieque noctuque (p. 249, l. 3).

(2) *Basl. Chron.,* IV, p. 304, l. 32; 348, s.; p. 74, l. 9; p. 78, l. 22. Fritz Meyer, *Geschichte der öffentlichen Kunstsammlung zu Basel (Basler Jahrbuch 1891 von A. Burckhardt und R. Wackernagel, Basel, Reich vorm. Detloff, p. 153).

(3) Supra, p. 128, n. 3. Heusler, p. 139.

(4) Heusler, p. 290. Wurstisen, p. xxi.

(5) Supra, p. 130, n. 5. Heusler, p. 140.

vons les zum Angen, von Arguel, de Blazheim (Murnhart) (1) Frœweler, im Hove, von Gun, zum Haupt, Iselin, Meyger, les Munzmeister divisés en deux branches, celle des Surlin et celle des Ereman (2), zem Rosen, Rot, Rouber, Schaltenbrandt, Schœnkint, zur Sonnen. Trois familles occupaient encore une situation considérable dans le gouvernement de la commune. C'étaient les Iselin, les Surlin et surtout la puissante famille Rot.

La bourgeoisie primitive était donc réduite à quinze familles environ. Mais si des vides nombreux s'étaient produits dans la classe des *achtburger*, ils avaient été comblés par les membres nouveaux qu'elle recevait des quatre principales tribus ou « tribus des seigneurs (3). » Les uns quittaient la corporation où ils avaient fait leur fortune pour entrer dans la haute chambre. Conrad zem Haupt fut conseiller de la tribu *zum Safran* ou tribu des *Kræmer* (4) jusqu'en 1428, année où il devint *achtburger* (5). Rodolphe Schlierbach, qui était encore en 1473 maître de la tribu des *Kaufleute*, fut reçu l'année suivante parmi les *achtburger* (6). D'autres faisaient en même temps partie d'une tribu et de la haute chambre. La famille Waltenheim avait été admise dans le patriciat. Mais plusieurs de ses membres furent au xv⁰ siècle maîtres ou conseillers de la tribu des *Hausgenossen*. On voyait l'écu et le cimier des Waltenheim sur les murs de la chambre *zum Bæren* dans laquelle s'assemblaient les confrères de cette tribu (7). Thomas Zscheckenburlin, d'une riche famille de changeurs et de marchands sans doute originaire de la Lombardie, portait le titre de « damoisel » (*domicellus, junker*), qui était celui des *achtburger*. Cependant, il représenta jusqu'à sa mort la tribu des *Kaufleute* au conseil de ville (8). Au xv⁰ siècle, parmi les familles qui avaient ainsi passé des tribus des seigneurs dans

---

(1) Heusler, p. 140, n. 1. *Basl. Chron.*, IV, p. 21, l. 11.

(2) *Basl. Chron.*, IV, p. 403, l. 3.

(3) Supra, p. 114.

(4) Stuba institorum dicta *ad Crocum* (*Basl. Chron.*, II, p. 323, l. 2).

(5) *Basl. Chron.*, IV, p. 34, n. 2.

(6) *Basl. Chron.*, IV, p. 69, n. 9.

(7) *Waltenhim zum Beren* schilt und helm (*Basl. Chron.*, IV, p. 403, l. 1, p. 316, n. 5).

(8) *Basl. Chron.*, I, p. 331, n. 4.

la classe des *achtburger*, plusieurs s'étaient fait par leur richesse une place très large dans l'administration de la cité. C'étaient les Grieb, de Hegenheim, de Laufen (1), Murer, d'Offenburg, Schilling, Seevogel, Waltenheim, Zibel et Zscheckenburlin (2).

## II.

Beaucoup d'*achtburger* vivaient à la manière des chevaliers. Plusieurs riches bourgeois avaient des hôtels. Si l'on voyait dans la ville les hôtels d'Eptingen (*Eptinger hof*), de Ramstein (*Ramsteiner hof*), de ze Rhein, on y trouvait aussi les hôtels des Laufen, des Schœnkind (*Schœnkindenhof*), des Surlin (*Schœnen Ort*). Ces demeures étaient aussi somptueuses que celles des nobles. Les princes étrangers ne dédaignaient pas d'y séjourner. Lorsque Marguerite de Savoie, veuve de Louis III, d'Anjou, roi de Sicile, et femme du comte palatin, Louis le Débonnaire, traversa Bâle pour rejoindre son second mari, elle fut reçue à l'hôtel d'Offenburg (3). Le duc Philippe de Bourgogne, au retour de la diète impériale de Ratisbonne, en 1454, logea dans l'hôtel des Surlin.

Comme les chevaliers les *achtburger* aimaient les tournois. Bernhard Seevogel et Jean Waltenheim combattirent en présence du duc de Bourgogne. Seevogel remporta le prix et Waltenheim mourut de ses blessures (4). De même que les chevaliers, les *achtburger* avaient le goût des aventures et des expéditions lointaines. Plusieurs d'entre eux revenaient avec le titre de chevaliers. Georges zer Sunnen servait avec deux chevaux dans les troupes de mercenaires à la solde de la commune (5). Hans Rot et son fils Pierre furent armés chevaliers

(1) 1476. Vexillifer vero *Conradus de Louffen* eciam antique stirpis *Basiliensis* erat civis (*Basl. Chron.*, II, p. 345, l. 21). Cpr. : supra, p. 127, n. 1 et 2.

(2) Heusler, p. 256.

(3) Wurstisen, p. cccxci (16 juin 1445).

(4) Positus fuit in curiam *Surlin*, scilicet *Schœnen Ort*... *Bernhart Sevogel* et *Johannes Wallenhin* hastiluserunt in presentia domini ducis *Burgundie*... et *Sevogel* obtinuit,... et *Wallenhin* fuit inunctus cum extrema uncione, et... mortuus (*Basl. Chron.*, IV, p. 317, l. 14). P. 459, l. 4.

(5) *Basl. Chron.*, IV, p. 187, n. 8.

dans un pèlerinage qu'ils firent à Jérusalem (1). Comme les chevaliers encore, les *achtburger* possédaient des fiefs nobles. La liste des vassaux de l'Autriche expulsés du conseil de ville en 1445 comprend à la suite des seigneurs de Berenfels et de Rotberg, les *achtburger* d'Offenburg, Surlin, de Laufen, Ereman, de Hegenheim, Waltenheim et Frœweler (2).

Les mariages entre l'ordre des chevaliers et celui des *achtburger* n'étaient pas rares. Burkhard Zibel qui s'était marié en secondes noces avec Sophie de Rotberg avait eu pour première femme Agnès d'Eptingen (3). Hemmann Seevogel épousa Marguerite d'Eptingen (4). Hans Surlin avait pour beau-frère le chevalier Henri de Ramstein.

Enfin, il arriva maintes fois que les *achtburger* furent traités officiellement comme les égaux des *ministeriales* au point de vue de l'aptitude à remplir les magistratures, d'abord réservées aux chevaliers de l'église. Je ne veux point parler de la charge de maître général des tribus. Enlevée aux chevaliers presque dès l'origine, occupée par les *achtburger* pendant tout le xıvᵉ siècle, elle était au xvᵉ siècle déjà envahie par les gens des tribus qui en disputaient la possession à la classe inférieure du patriciat (5). Mais si l'on prend les noms des maîtres bourgeois du xvᵉ siècle, on relève parmi les noms des chevaliers de Ramstein, Reich, ze Rhein, de Berenfels ceux de Hans et de Pierre Rot. Devenus chevaliers, ces deux *achtburger* avaient été appelés à la première magistrature de la cité,

---

(1) *Petrus Rot* miles,... vir bonus et facetus, in armis tamen non strennuus, miliciam enim suam non pungnando, sed transfretando mare Jherosolimis obtinuit (*Basl. Chron.*, II, p. 345, l. 18). IV, p. 69, n. 8. Cpr. p. 88, n. 1.

(2) Wurstisen, p. ccclxxxix.

(3) Supra, p. 136, n. 1. Fundavit dominus *Burkardus Zibol* et domina *Agnes* de *Eptingen*, conthoralis eius (*De cellis Carthusiæ Basiliensis*, cella C, *Basl. Chron.*, I, p. 497, l. 17).

(4) Wurstisen, p. ccclxxix.

(5) Maîtres généraux des tribus : 1º *De la classe des chevaliers.* 1286. *Petrus Divitis...* ordinavit quod cum uno anno... *Psittacus* magister esset civium, eodem anno *Stellifer* esset zunftarum magister, et anno sequenti e converso (*Chronic. Alberti Argent.*, T. II, 328, p. 425). — 2º *De la classe des achtburger,* par exemple : au xıvᵉ siècle, supra, p. 196, n. 2; Ochs, II, p. 260 (1382), *Peter von Louffen;* p. 261. z (1383), *Wernherus Ereman);* au xvᵉ siècle (*Basl. Chron.*, IV), Gœtzman Rot, der *achtburger* (p. 24, l. 10); Hu-

et l'on vit durant une longue période de temps le bourgeois
Pierre Rot et le *ministerialis* Hans de Berenfels se succéder
régulièrement chaque année dans cette magistrature (1). Il y
a plus. Au commencement du siècle suivant, quelques années
avant que la charge de maître-bourgeois fût abandonnée aux
gens des tribus, des *achtburger*, Pierre d'Offenburg et Wil-
helm Zeigler remplirent cette charge, sans être chevaliers (2).
Les choses se passaient de même dans le conseil. Des *achtburger* qui avaient été faits chevaliers occupaient les sièges
des conseillers *ministeriales*. C'est ainsi que Bernhard Surlin
siégea de 1449 à 1452 parmi les *achtburger*, de 1452 à 1471 et
de 1476 à 1479 en qualité de chevalier (3).

On voit par tout cela que les *achtburger* constituaient une
classe moyenne entre la chevalerie et la plèbe. Les *achtburger*
recevaient l'élite des plébéiens, mais formés eux-mêmes dès
l'enfance aux habitudes de la vie noble, admis à partager
quelques privilèges des chevaliers, ils étaient presque les
égaux de la noblesse. Les fonctions publiques, qui étaient à
l'origine le bien propre des chevaliers, ne tombèrent aux
mains des plébéiens qu'après avoir été possédées un instant
par les *achtburger*. Ainsi le gouvernement des *achtburger* mé-
nagea la transition entre l'aristocratie des *ministeriales*, qui
représentaient, dans la municipalité naissante, le pouvoir
épiscopal et seigneurial, et le régime plébéien, constitution
définitive de la commune émancipée.

gues zer Sunnen (1424), Hans Surlin (1439), Bernhard de Laufen (1460),
Henri Iselin (1474), Antoine de Laufen (1479), Léonard Grieb (1484), Jacques
Iselin, fils de Henri (1493), Thomas Surlin. — 3º *Plébéiens*, au xvᵉ siècle,
par exemple : Henmann de Thonsel (1428), André Ospernell (1444, 1449),
conseiller de la tribu des *Kaufleute* (p. 402, n. 2), Eberhart Ziegeler (1446),
conseiller de la tribu des charpentiers (p. 33, n. 6), Henri Zeigler (1449,
*Rq.*, I, p. 131), Hans Bremenstein (1457). Hans Zscheckenburlin (1473) re-
présentait au conseil de ville la tribu des Kræmer (*Basl. Chron.*, I, p. 331,
n. 4), il alterna pendant longtemps avec Henri Iselin dans les fonctions de
maître général.

(1) *Basl. Chron.*, II, p. 96, n. 4 (1474).

(2) *Basl. Chron.*, IV, p. 87, n. 4 (1502), p. 93, l. 32 (1508); p. 88, l. 24
(1503), p. 90, l. 10 (1507).

(3) *Basl. Chron.*, II, p. 282, n. 1.

## II.

### Sur la lutte des bourgeoisies et de la féodalité laïque. La guerre de Bâle avec l'Autriche de 1444 à 1449.

Depuis la fin du XIII<sup>e</sup> siècle, jusqu'au XVI<sup>e</sup> siècle, les villes et les seigneurs, le régime municipal et le pouvoir féodal se firent une guerre implacable. Cette grande lutte est marquée, à l'intérieur de la cité, par les démêlés du patriciat et de la plèbe, au dehors par les combats de la commune et des seigneurs voisins de la ville. Il y eut entre les luttes intestines et les guerres extérieures non seulement coïncidence, mais étroite relation. Les seigneurs, dont les tribus en armes assiégeaient et rasaient les châteaux, c'étaient, pour la plupart, les patriciens dont elles avaient amoindri les privilèges politiques dans les assemblées municipales, qu'elles avaient chassés du conseil et même de la ville. Des haines et des rancunes séculaires, telles qu'en laissent après elles les rivalités politiques, animaient ces seigneurs à la guerre armée contre la commune. Si tous ne faisaient point partie du patriciat, du moins les familles patriciennes ne comptaient parmi eux que des alliés. Toute la noblesse urbaine et rurale tenait ensemble. Elle s'était unie par de grandes fraternités d'armes, les sociétés du Lion, de Saint-Guillaume et de Saint-Georges (1). De leur côté, les bourgeoisies tournaient contre les seigneurs les ligues qu'elles avaient formées entre elles et contractaient de nouvelles alliances.

Tout ceci ressort de la guerre de Bâle avec l'Autriche. Cette guerre dura de 1444 à 1449, sauf une suspension d'hostilités qui s'étend du mois de juin 1446 au mois d'octobre 1448. Les ennemis de la ville n'étaient pas seulement les nobles vassaux des Habsbourg. Mais les seigneurs, les patriciens, dont les forteresses formaient autour de la ville un cercle menaçant, firent cause commune avec la noblesse étrangère. La guerre

---

(1) Nitzsch, *Geschichte des deutschen Volkes*, III, p. 296. J. Zeller, *Les empereurs du xiv<sup>e</sup> siècle, Habsbourg et Luxembourg*, 1890, p. 410. T. IV, p. 761 (1380, 21 et 28 juin).

avec l'Autriche ne fut, à vrai dire, qu'un incident de la lutte
des communes et de la féodalité laïque. C'est sous ce point de
vue que je voudrais la montrer. Je voudrais aussi faire voir
par quelques exemples combien fut ardente et cruelle la guerre
des bourgeois et des seigneurs.

I.

L'invasion des Armagnacs qui aboutit à la bataille de Saint-
Jacques est le fait capital de la première partie de la guerre.
Les nobles firent appel à l'étranger, ils aidèrent à l'invasion
des Armagnacs; après le départ du Dauphin, la commune les
châtia par de terribles représailles.

De ces nobles, les uns étaient des vassaux du pouvoir temporel. C'était, par exemple, Jean de Thierstein, comte palatin
de l'évêché et protecteur du concile de Bâle. La commune lui
reprochait d'avoir fêté les Armagnacs au retour de Saint-Jacques devant son château de Pfeffingen (1). Du moins, étrangers à la bourgeoisie, ces barons ne lui devaient pas la fidélité. Mais la plupart des nobles appartenaient à la vieille
aristocratie des *ministeriales*, qui, dès le xiii⁰ siècle, faisaient
partie de la commune, et occupaient par droit de naissance
les hautes magistratures de la cité. Plusieurs avaient alors
des parents dans ces fonctions, d'autres les avaient remplies
eux-mêmes. Du nombre de ces seigneurs qui trahirent la
ville (2) étaient Burkhard Munch de Landskron, le chef des
Armagnacs à Saint-Jacques, son frère Hans et Conrad Munch
de Munchenstein. Un autre mécontent, Adelberg de Berenfels,
était frère du maître-bourgeois Arnold. Il descendait d'un
maître-bourgeois banni par ses concitoyens en 1384 et mort
en les combattant à la journée de Sempach. Nous trouvons
aussi parmi les adversaires de la commune un chevalier ze
Rhein, parent de l'évêque régnant (3), les chevaliers Jean et
Henri de Ramstein. Celui-ci, fils du maître-bourgeois Kuntz-

---

(1) Comes et protector concilii (*Basl. Chron.*, IV, p. 250, l. 3). V. 1320.
Comes de *Thierstein* habet in feodo die Phallatzgrafschaft ze *Basel* (T. III,
163). Wurstisen, p. ccclxxxix, al. 4.

(2) Die heren... die stat... verroten (*Basl. Chron.*, IV, p. 181, l. 1).

(3) P. 217, n. 8; p. 184, n. 5; p. 278, n. 2; p. 22, n. 2; p. 268, n. 3.

mann, beau-frère du maître général Surlin, et lui-même citoyen
de Bâle, avait siégé plusieurs années au conseil de ville. Mais
il était tout dévoué à la famille de Habsbourg, dont il tenait
en gage la ville et le bailliage d'Altkirch (1). Il y avait encore
dans le parti des Armagnacs trois nobles de la famille d'Eptingen, Henri, conseiller de ville jusqu'en 1439, que l'on
accusait d'avoir combattu à Saint-Jacques (2), Conrad, sur-
nommé Huser, qui avait, disait-on, fourni des armes aux
ennemis de la ville, enfin le neveu d'un autre Conrad, capitaine dans la milice communale, Hermann, vassal des Habsbourg pour le château de Blochmont au comté de Ferrette (3).

Telle est l'énumération à peu près complète des membres du
patriciat, que leurs griefs personnels et l'espoir de reconqué-
rir leurs prérogatives entraînèrent dans une alliance avec les
envahisseurs. Si la classe des *achtburger*, de plus en plus ouverte à la plèbe, et moins maltraitée dans les luttes politiques
que celle des chevaliers, n'est représentée dans cette énumération par aucun nom, on y rencontre, suivant la remarque
d'un chroniqueur contemporain, « tous les nobles établis autour de la ville. » Un seul resta fidèle à la commune, ce fut le
noble Rodolphe de Zwingen, seigneur de Ramstein (4), que
nous voyons, jusqu'en 1449, disputer de zèle avec l'évêque
Frédéric ze Rhein, dans la tâche ingrate de médiateur entre
les nobles et les bourgeois (5).

Si la mort n'avait soustrait Burkhard Munch à la vengeance de la commune, il n'est pas douteux que cette vengeance eût été atroce. Les chroniqueurs racontent avec com-

---

(1) *Basl. Chron.*, IV, p. 269. n. 1. *Heinrichen* von *Ramstein* unsern burger
(P. 40, l. 6). P. 174, l. 6; p. 278, n. 2.

(2) P. 184, n. 7. Und seit man das *Goetz Heinrich* von *Eptingen* an der
slacht were gesin (P. 184, l. 15).

(3) 1425. Worent der stett houptlúte *Cuonrat* von *Eptingen* (P. 39, l. 6).
P. 56, n. 7.

(4) Al die edelút, die zuo ring umb uns worent, — on den wolgebornen
juncker *Ruodolf* von *Zwingen*, der hielt sich fromklich (*Basl. Chron.*, IV, p.
174, l. 6).

(5) A la prise du château de Pfeffingen par les bourgeois (1445). A la diète
de Colmar où la paix de 1446 fut négociée (*Basl. Chron.*, IV, p. 207, l. 25).
Après la prise de Rheinfelden par les nobles (1448, p. 388, l. 27). Au siège
du château de Blochmont par les bourgeois (1449).

plaisance, comment ce seigneur, principal objet de la haine et
de la colère des bourgeois, expia sa trahison le soir même de
la bataille de Saint-Jacques. S'étant approché des confédérés
qui tenaient encore dans le jardin de l'hôpital, afin de traiter
avec eux, il avait levé sa visière et regardait par une brèche le
sol jonché de morts et teint de sang. « Je le vois, » dit-il en
ricanant, « ce jardin de roses dont mes ancêtres ont parlé il y
a plus de cent ans. » Ce furent ses dernières paroles. Au même
moment, une pierre lancée du jardin l'atteignait au visage.
Il mourut trois jours après sans avoir pu prononcer un mot.
Ses aïeux avaient leur sépulture dans la chapelle des Munch
à la cathédrale, mais la ville refusa de recevoir son corps (1).

La guerre de représailles contre les autres nobles fut conduite d'une manière pour ainsi dire méthodique. La commune
prit d'abord quelques mesures légales destinées à préparer les
représailles. Le 11 avril 1445, le grand conseil expulsa du conseil les chevaliers et les *achtburger*, vassaux de l'Autriche, pour
toute la durée de la guerre. Cette décision accrut, il est vrai,
le nombre des ennemis de la bourgeoisie. Mais elle prévint
l'opposition que les patriciens n'auraient pas manqué de faire
à la répression, et les mit dans l'impossibilité de trahir au
profit de leurs amis et de leurs proches le secret des délibéra-
tions. Par ce double motif, quand le patriciat fit sa rentrée dans
le conseil le 4 novembre de la même année, l'exclusion fut
maintenue à l'égard d'Arnold de Berenfels et de Henri Surlin (2). Puis on procéda à l'élection des capitaines qui devaient
prendre la direction de la guerre. Des quatre élus, trois venaient des tribus, un seul était patricien, Rot. Encore faut-il
observer qu'il était maître-bourgeois, *achtburger* et de la famille même qui avait donné le maître-bourgeois de l'année
1374 (3). Le 18 mai, le grand conseil institua la commission des

(1) Her *Burckart Munch* sach in den garten, sprach : « ich siche in ein ros-
segarten, den min fordren geret hand vor 100 joren ! » wart geworffen zem
lisier in..., donoch kein wort nie geret und starb. do wolt die stat... den li-
chamen nit inlon (*Basl. Chron.*, IV, p. 255, l. 18).

(2) Supra, p. 192, n. 2. Item der adel und achtburger wurdent ussz dem
rat gestossen misericordia domini 45. Als komend sú wider in Martini, on der
von *Berenfeltz* und *Surlin;* hattend ir brueder under den figenden (*Basl.
Chron.*, IV, p. 277, l. 26).

(3) *Hans Rot,* Ritter Burgermeister, *Henrich Halbisen,* N. *Einfaltig,* und

XIII. Enfin, le 21 juillet, le jour même où la commune envoyait son cartel de défi à l'Autriche, le grand conseil décrétait contre les chevaliers et les nobles qui avaient donné aux Armagnacs aide ou conseil, l'incapacité d'être conseillers, citoyens et même de posséder une maison dans la ville. Un exemplaire de l'ordonnance fut envoyé à chaque tribu. Au nombre des proscrits étaient Hans Munch de Landskron, Adelberg de Berenfels, Henri et Jean de Ramstein, Henri et Hermann d'Eptingen (1).

Les actes de représailles suivirent de près. Il faut en lire les circonstances dans les chroniques de deux contemporains, le maître de tribu Bruglinger et le chapelain Erhard d'Appenviler. On verra que les bourgeois s'étaient approprié les procédés des guerres seigneuriales.

Contre chacun des nobles, la ville dirigeait une courte et rapide incursion. Le conseil arrêtait le jour du départ. Les différents signaux d'alarme, le lieu de rendez-vous étaient prévus et réglés par des ordonnances du conseil (2). Ainsi, pour appeler les bourgeois à une expédition, les trompettes parcouraient à cheval en sonnant les rues de la ville et l'on arborait la bannière sur l'hôtel de ville. Au contraire, lorsque les citoyens entendaient la grosse cloche du conseil, ils devaient courir à la défense des tours et des remparts (3). Au jour fixé, le soir venu, les sonneries d'appel retentissaient dans la ville. Chaque bourgeois endossait son harnais de guerre (4), prenait ses armes, sortait de sa boutique ou de son atelier, et se rendait à la place d'assemblée, au Marché aux grains ou au Marché aux poissons. Arrivé là, il se ran-

---

*Dietrich Amman* (Wurstisen, p. ccclxxxix, al. 3, 15 avril). Supra, p. 186, n. 1. *Basl. Chron.,* IV, p. 20, l. 1.

(1) Heusler, p. 303, s., *Basl. Chron.,* IV, p. 185, n. 4.

(2) *Einige Verordnungen des Raths vom August 1444* (*Basl. Chron.,* IV, p. 211, s.).

(3) Wenn man daz paner uszstosset hie uof dem rathus, und die trumpeter umbritent und uffblasent..., menglich an den *Kornmergt* ziehen sol, die zuo fuosz sint, und die ze rosz sint an den *Viszmerkt...,* wenn man aber sturmt mit der groessern ratesglocken, so sol menglich uf die thúrn und die letzen louffen (*Basl. Chron.,* p. 216, l. 20).

(4) Les bourgeois avaient une armure légère ou de parade (*schlechter harnasch,* p. 42, l. 9).

geait sous la bannière de sa corporation. Selon l'importance
ou les difficultés de l'expédition, le conseil mettait sur pied la
moitié, le quart, le demi-quart de la bourgeoisie, quelquefois
la bourgeoisie entière. Les cavaliers de la haute chambre, les
volontaires qui combattaient pour « mériter » le droit de cité,
les troupes mercenaires et les valets s'assemblaient de leur
côté (1). Au milieu de la nuit, la petite armée se mettait en
marche de manière à surprendre l'ennemi (2). Des voitures
suivaient pour ramener le butin (3).

Souvent le but de l'expédition était le château ou la maison
forte d'un seigneur. L'armée de la commune apparaissait à
l'improviste sous les murs de la forteresse, la prenait, la
pillait, l'incendiait, pêchait l'étang seigneurial (4), chargeait
ses chars et rentrait aussitôt à la ville. Entre cent expéditions
de ce genre que nous trouvons dans les chroniqueurs, arrê-
tons-nous à la prise du château de Pfeffingen dont ils nous
ont conservé le récit détaillé.

A quelques lieues au sud de la ville, couronnant les premiers sommets du Jura, une longue file de châteaux fermait
tous les passages qui menaient de la vallée du Rhin dans l'intérieur de l'évêché (5). Parmi ces forteresses, Pfeffingen, dont

(1) *Die stat, die halbe stat, der viertheil, der halbe viertheil.* Le nombre des
bourgeois en état de porter les armes était fixé officiellement à dix-huit cents
pour les quinze tribus de la ville et les trois sociétés du Petit Bâle. On avait
évalué à huit cent quarante hommes le contingent de la moitié de la ville et
à quatre cent vingt hommes celui du quart (*Basl. Chron.,* IV, p. 56, n. 3 ; 185,
n. 6 ; 182, n. 7).

(2) 5 décembre 1445. Item... zugend die von *Basel* usz, zuo nacht zwis-
chend 2 und drú (*Basl. Chron.,* IV, p. 268, l. 3). P. 281, l. 6 (16 octobre
1445); p. 272, l. 5 (3 mars 1446); p. 273, l. 16 (22 avril); p. 274, l. 1 (18 mai);
p. 275, l. 2 (8 juin); p. 280, l. 13 (juillet).

(3) Item... zugend die von *Basel* mit wegen (P. 269, l. 4).

(4) Wart der wiger gefischet, ein hort von fischen gefangen (P. 277, l. 19).

(5) Les trois châteaux de Wartenberg, les châteaux de Münchenstein, Reichenstein, Birseck, Dornach, Berenfels, Angenstein, Pfeffingen, Münchsberg, Klus, Tschepperlein, Fürstentein, Rothberg, Waldeck, Sternberg,
Rineck, Landskron et Schalberg. — R. Wackernagel, *Schloss Angenstein*
(*Basler Jahrbuch 1891,* p. 29, s.). *Ordentliche Beschreibung wie das Schloss
Angenstein uff dem Flus der Birse ob Basell gelegen sammt* |*seinen zugehörten
mir Keudell Zieren beider Rechten Doctori von der hochwürdigen Stifft züe
Basell züe Lehen gelihen* (Bibl. de Porrentruy, collect. Vautrey, mss., cahier
de parchemin de 1557).

les tours à demi ruinées dominent encore à pic la basse vallée de la Birse, était l'une des plus belles et des mieux situées. L'évêque était le seigneur suzerain du château et du village qui en dépendait (1). Le 20 avril 1445, au matin, le maître-bourgeois suivi des cavaliers de la commune se présenta devant Pfeffingen et en demanda la reddition. Absent ce jour-là le comte avait laissé sa femme et ses jeunes enfants sous la protection de quelques soldats. La comtesse refusa de livrer le château. Sur cette réponse, les gens de la commune se retirèrent. Mais, le jour même, une troupe de quinze cents hommes, commandée par le maître-bourgeois en personne et menant avec elle une nombreuse artillerie, marcha sur le château dans l'intention de le détruire de fond en comble (2). La dame de Thierstein reconnut de loin l'étendard blanc et noir de la commune, elle s'effraya pour ses enfants, maudit son mari qui l'avait abandonnée et s'évanouit (3). La garnison épouvantée refusait de se défendre. La situation paraissait désespérée, lorsque arrivèrent l'évêque Frédéric ze Rhein et le baron Rodolphe de Ramstein (4). Ils obtinrent à grand'peine que les bourgeois prendraient possession de la forteresse sans la détruire. Toutes les dépendances du château, gens, domaines et village furent cédés à la ville. Tout ce que renfermait le château en mobilier fut perdu pour le comte (5). Après avoir conclu cet accord, Rodolphe de Ramstein prit en croupe les jeunes seigneurs de Thierstein, avec quelques effets que les bourgeois leur avaient laissés, pour les conduire à son château de Zwingen. Lorsque les enfants passèrent devant la milice municipale rangée au pied des murailles, ils crièrent : « mort aux bourgeois ! » — « Taisez-vous, » leur disait Rodolphe de

---

(1) T., III, 163 (v. 1320).

(2) In der meinung das zuo slissen uff den grunt (*Basl. Chron.*, IV, p. 278, l. 17).

(3) Do die frowe sach die macht komen mit der baner, do erschrack sú von der kinden wegen und schre mort úber groff *Hansen*, huob sich úbel (P. 279, l. 2).

(4) Wurstisen, p. ccclxxxix, al. 5.

(5) Mit grosser not wart tegdinget mit der stat, das sú das slossz innomend on brechen, *und* was dozuo ouch gehort, lút, guot, doerffer; was im slossz was, wart verlorn (*Basl. Chron.*, IV, p. 279, l. 4).

Ramstein, « il y va de votre vie et de la mienne (1). » L'expédition avait été si rapidement menée que les troupes de la bourgeoisie rentrèrent le soir à la ville. On laissa dans le château une garnison sous les ordres de Thierry Surlin, conseiller de ville de la classe des *achtburger* (2). Ce jour-là cinquante-quatre volontaires gagnèrent le droit de bourgeoisie (3).

Pendant les années 1445 et 1446 une série de coups de main aboutit à la destruction de nombreuses demeures seigneuriales. La bourgeoisie brûla la maison forte du chevalier de Berenfels (4). Le château de Conrad Huser d'Eptingen eut le même sort. Les bourgeois y trouvèrent un grand nombre d'armures qui avaient servi à la bataille de Saint-Jacques (5). En moins d'un an vingt-cinq châteaux furent démolis (6).

Quelque élevé que ce chiffre paraisse, il n'approche pas du nombre des villages seigneuriaux que les bourgeois pillèrent ou détruisirent. De toutes les manières de guerroyer les seigneurs, celle qui consistait à saccager et à dévaster leurs domaines était la plus facile et la plus productive. Les bourgeois enlevaient le bétail, les chevaux, le vin, le blé (7), le linge et les meubles. Ils coupaient les moissons (8). Ils frappaient les paysans d'une contribution de guerre, et ne leur laissaient d'autre alternative que de la payer de suite ou d'être emmenés de force à la ville (9). Lorsqu'il ne restait plus rien à piller, ils mettaient le feu au village. Au retour, le conseil

---

(1) Item juncker *Ruodolff* von *Ramstein* nam die von *Tierstein* hinder sich uff das pherd,... do sù für das slossz kam, schrey sù mort uff die von *Basel*. do sprach der von *Ramstein* : « Swig; oder du und ich komend umb das leben! » (P. 279, l. 9).

(2) Wurstisen, p. cccxc. *Basl. Chron.*, IV, p. 199, l. 15; p. 278, l. 5.

(3) *Basl. Chron.*, IV, p. 55, l. 2.

(4) P. 192, l. 18, p. 277, l. 17 (5 août 1445).

(5) 20 mai 1446. Do fand man vil harnesch der zuo *Sant Jacob* was gesin (P. 276, l. 4).

(6) Nochten worend 25 slos zerbrochen (P. 453, l. 17).

(7) Vil korns wart gon *Basel* gefuert (P. 267, l. 17). P. 269, l. 5, etc.

(8) 17 juillet 1445. Item... zugend die von *Basel*... und schnittend mit gewalt das korn uff dem *Melifeld* (*Basl. Chron.*, IV, p. 280, l. 3).

(9) Janvier 1446. Des margroffen buren muostend sich gon *Basel* antwurten oder 800 gl. gebeu (*Basl. Chron.*, IV, p. 271, l. 11).

réglait le partage du butin entre les tribus (1), et ordonnait des distributions de blé (2).

Les annales de l'époque sont remplies de pareilles expéditions. Au mois d'avril 1446, le conseil décide de saccager les domaines de Henri de Ramstein. Il fait prendre les armes à la moitié de la ville. Cette troupe s'approche d'Altkirch par une marche de nuit (3). Le matin, les bourgeois de la petite ville font sortir leur bétail, les Bâlois se montrent tout à coup, entourent le troupeau (4), manquent s'emparer de la ville, se retirent après avoir tué quelques hommes sur les remparts et fait dix prisonniers, brûlent quatre villages voisins, arrachent aux habitants du village d'Hirsingen une contribution de quatre cents florins et rentrent en ville emmenant avec eux six cents têtes de bétail. Ils n'ont perdu qu'un seul homme, un charpentier, qui a été tué dans la forêt d'Hirsingen (5). Peu après, les bourgeois brûlent en un seul jour dix villages de la Haute-Alsace, les maisons sont consumées jusqu'au niveau du sol (6). Une seule incursion dans cinq villages rapporte à la commune un butin estimé quatorze cents florins (7). Si l'on compte les villages pillés par les bourgeois pendant la durée de la guerre, on en trouve plus de quarante, parmi lesquels trente environ furent incendiés après le pillage.

Qu'on ne croie pas cependant que, de tout point semblable à la guerre féodale, la guerre municipale ait été plus redoutable aux paysans seigneuriaux que dangereuse pour la vie des nobles. Si un seigneur tombait entre les mains des bourgeois, c'en était fait de lui. Les bourgeois ne faisaient pas de quartier aux seigneurs. Dans une reconnaissance, quelques routiers à la solde de la commune arrêtent Jean de Ramstein.

---

(1) Die bútungen deiltent min heren... under die zúnft (P. 192, l. 25).

(2) Und fuortent ein grose sum kornes do danen; das deilt man under die zúnft (*Basl. Chron.*, IV, p. 185, l. 1).

(3) 22-23 avril. Zoch man mit der halben stat, ouch zuo angender nacht (*Basl. Chron.*, IV, p. 202, l. 6).

(4) Als sy nun das fiech usdribent, was sy hatent,... do umbsluogent die unsern das fiech (*Basl. Chron.*, IV, p. 202, l. 8).

(5) *Basl. Chron.*, IV, p. 273, l. 16; p. 202, l. 10. Wurstisen, p. ccccij, al. 4.

(6) Zuo grunde (*Basl. Chron.*, IV, p. 274, l. 13, 23 mai).

(7) *Basl. Chron.*, IV, p. 279, l. 19 (7 et 8 juillet 1445).

Il offre vainement de payer rançon, on le mène à la ville, et il est noyé (1). Les tribus assiégent le château de Rheinfelden. Avant le premier assaut, les mercenaires qui occupent la place demandent à se rendre, car, d'après l'usage de la guerre, les défenseurs d'une forteresse prise d'assaut sont décapités ou pendus (2). Le maître-bourgeois Rot, qui dirige le siège, répond : « Si vous voulez rendre la place à merci, nous voulons bien la recevoir. Mais si nous trouvons un seul noble parmi vous, il en sera comme si la place avait été enlevée d'assaut (3). »

Ces cruautés n'ont qu'une excuse, c'est que les bourgeois n'avaient pas imaginé ce système de guerre sans merci. Ils imitaient les seigneurs et se vengeaient. Si les bourgeois brûlaient les châteaux, les nobles brûlaient les villes. Si l'armée de la commune dévastait les terres des seigneurs, les bandes seigneuriales ravageaient le domaine de la commune, pillaient ses paysans, et incendiaient les résidences des bourgeois dans la banlieue (4). Enfin, si les bourgeois étaient cruels pour les nobles, de leur côté ceux-ci commettaient des atrocités de tout genre dans les villes dont ils s'emparaient. La générosité, la pitié, le respect du bien d'autrui et de la vie humaine étaient des sentiments inconnus aux bourgeois et surtout aux seigneurs allemands du xv<sup>e</sup> siècle.

II.

Dans la guerre de 1444 à 1446, le rôle principal du côté de la bourgeoisie avait appartenu aux corps de métiers. Le grand conseil qui avait porté les ordonnances contre les patriciens, vassaux de l'Autriche, et les nobles, fauteurs des Armagnacs,

---

(1) 20 déc. 1445. Bot 60 guldin, das man in nit fuort gon *Basel;* es mocht nit sin. der wart ertrencket (*Basl. Chron.*, p. 269, 1. 2).

(2) 14 sept. 1445. Lieben gnedigen herren ! mag uns gnode nit beschehen,... wir muossend dem hencker under sin hand zuo sterben (P. 265, 1. 14).

(3) « Wend ir das hus uffgen uff gnode, so wend wir das nemmen... Findend wir aber kein edelman dorinne, so ist es als abe, als hettend wir es gewunnen mit dem sturme (*Basl. Chron.*, IV, p. 265, 1. 28).

(4) *Basl. Chron.*, IV, p. 203, 1. 13; p. 260, 1. 20; p. 269, 1. 9; p. 274, 1. 16; p. 277, 1. 15.

était, on le sait, formé à peu près en entier de gens des tribus. Tenu pour suspect, le patriciat avait été écarté autant que possible de la conduite des opérations. L'ordonnance du 11 avril 1445 ne fut abrogée qu'après que l'échec du 27 octobre survenu par la faute du capitaine Dietrich Amman, eut montré l'incapacité des chefs plébéiens et détruit leur autorité. « Scélérat, » criait à Amman au milieu de la déroute un *achtburger* exclu du conseil, Conrad de Laufen, « scélérat, combien de braves gens tu as fait massacrer aujourd'hui par ta mortelle imprudence ! » Et comme le capitaine lui criait grossièrement de se taire, il tira son épée et se jeta sur lui (1). Toutes les campagnes furent faites par les tribus; c'est à peine si quelques membres de la classe des *achtburger* prirent part à la guerre. Enfin, parmi les députés que la commune envoya à la diète de Colmar pour négocier la paix, les plébéiens étaient les plus nombreux (2).

L'influence des tribus fut encore plus sensible durant la guerre de 1448 à 1449. A diverses époques de l'histoire municipale de Bâle, on voit la plèbe recourir à l'émeute pour imposer aux chefs de la commune, timides ou modérés, des mesures violentes. En 1349, pendant la peste noire, le peuple, bannières déployées, se précipite en tumulte sur l'hôtel de ville et obtient du conseil, saisi de terreur, le serment de bannir les Juifs qu'il accuse d'avoir répandu le fléau (3). L'insurrection de 1529 hâte le succès de la Réforme, et détermine l'établissement du régime démocratique. De même l'émeute du 27 avril 1449 força le conseil, bien qu'il fût sur le point de conclure la paix, à ordonner l'attaque d'un château féodal.

(1) « Du boeszwicht! du hast hút manigen biderman mit dinen mortlichen sachen schaffen erslagen ! » do bies *Amman* den von *Louffen* liegen, do zucht der von *Louffen* das swert (*Basl. Chron.*, IV, p. 270, l. 11).

(2) *Achtburger* : Le maître bourgeois, Hans Rot, Hans Surlin. Plébéiens : Eberhart von Hiltaligen, conseiller de la tribu des charpentiers, Henri Zeigler, et Conrad Kúenlin secrétaire de ville (*Basl. Chron.*, IV, p. 205, n. 7; 33, n. 6; Heusler, p. 375).

(3) Irruit populus cum baneriis ad palatium consulum. Quibus territis... juratum est per consules et populum quod in CC annis nunquam Judæi residerent (T., III, 376). Meyer-Merian, *Der grosse Sterbent mit seinen Judenverfolgungen und Geisslern* (*Basel im* xiv^ten *Iahrhundert*, p. 149, s.). J. Zeller, *Les Empereurs du* xiv° *siècle*, p. 338.

C'est là l'événement original de la seconde guerre avec les Habsbourg.

Sans aucun doute, l'espoir du butin contribua à provoquer ce mouvement populaire. Les artisans voyaient au bout d'une courte expédition le pillage d'un riche château. Mais à l'instinct de la rapine développé par la guerre précédente se joignait la colère qu'excitaient tous les jours les vengeances de la noblesse. Pour les seigneurs, la guerre nouvelle était une guerre de revanche. Aussi, non seulement la noblesse se leva en masse, mais elle se fit un jeu d'enfreindre les usages de la guerre et d'accumuler les actes de barbarie.

Depuis le 24 novembre 1448, il ne se passa presque aucune semaine où la bourgeoisie ne reçût le cartel de quelque noble. La plupart des nobles n'envoyaient leur défi qu'après avoir commencé les hostilités. « Hermann d'Eptingen, » dit le chapelain Appenwiler « nous a défiés, mais il avait déjà attaqué, cela sied bien à la noblesse (1). » Les chefs du parti autrichien avaient donné l'exemple. Au mois de novembre 1449, ils portèrent un défi à la bourgeoisie (2). Mais dès le mois d'octobre, accompagnés d'un grand nombre de nobles, il s'étaient emparés d'une ville alliée, Rheinfelden, par l'une de ces ruses de guerre que l'on employait alors sans scrupules. Ils se donnèrent pour des pèlerins venant d'un sanctuaire vénéré dans toute l'Allemagne méridionale, celui d'Einsiedeln, et pénétrèrent facilement dans la ville. Puis, jetant frocs et bourdons, ils massacrèrent une partie des citoyens, mirent les conseillers aux fers, firent jurer aux bourgeois de se rendre avant un mois dans leurs châteaux et d'y demeurer jusqu'au paiement d'une rançon, chassèrent les femmes et les enfants sans leur permettre de rien emporter (3). Les fugitifs étaient venus chercher un asile à Bâle, et l'on disait dans la ville que si la surprise eût échoué à Rheinfelden, elle eût été renouvelée contre le Petit-Bâle (4). Quelques jours après, les nobles

---

(1) *Herman* von *Eptingen* seitte abe, und hatt vor angriffen; das stot dem adel wol! (*Basl. Chron.*, IV, p. 297, l. 19).

(2) *Basl. Chron.*, IV, p. 287, l. 12 (24 nov.); p. 388, b.

(3) 23 octobre. Wurstisen, p. ccccxj. *Basl. Chron.*, IV, p. 283, s.

(4) Item wart geseit : hettend sú zuo *Rinfelden* gefelet, es were úber *Clein Basel* gangen (*Basl. Chron.*, IV, p. 284, l. 20).

enlevaient par un coup de main l'une des portes de la ville (1).
Enfin ils adressaient aux paysans de la banlieue une procla-
mation par laquelle ils leur défendaient d'introduire des
vivres dans la ville, sous peine d'avoir les pieds et les mains
coupés (2). Tous ces actes d'hostilité avaient précédé le défi de
la noblesse.

Ainsi commencée, la guerre ne devait être qu'une suite de
cruautés. Un jour, les bourgeois font prisonniers trois des
« brigands de Rheinfelden. » Ils leur coupent la tête (3). Deux
jours après, les nobles qui occupent Rheinfelden prennent
« cinq pauvres garçons » du parti de la commune. Ils les
noient et placent leurs corps dans une barque qu'ils envoient
à la ville en l'abandonnant au cours du Rhin (4). L'efferves-
cence que causaient dans la commune la déloyauté et les
excès des nobles était très grande, lorsque le défi d'Hermann
d'Eptingen, suivi d'un cartel insultant des mercenaires qui
gardaient le château de Blochmont, fit éclater la fureur populaire.

Le dimanche 27 avril, les tribus des bouchers, des *Weinleute*, des vignerons, des charpentiers et des cordonniers, et
les trois sociétés du Petit-Bâle sortirent de force leurs bannières et s'assemblèrent sur le Marché aux grains (5). Ce jour
même, l'évêque, d'accord avec le conseil, reprenait à la diète
de Brisach les négociations en vue de la paix. Brûlant de se
venger, prévoyant que la conclusion de la paix allait s'opposer
à leur vengeance, les artisans criaient que l'évêque était un
traître et un scélérat. S'il eût été au Marché aux grains, on
l'eût peut-être massacré, et si l'exemple des artisans insurgés
avait entraîné une partie des bourgeois, on se serait porté en

(1) 19 novembre. *Eschmertor* were gewunnen (*Basl. Chron.*, IV, p. 286,
l. 9).

(2) Allen umbsessen vom adel gebotten..., nútz in die stat *zuo* fueren, oder
sú woltend imme hend *und* fuesse abhouwen (*Basl. Chron.*, IV, p. 287, l. 16).

(3) *Basl. Chron.*, IV, p. 295, l. 18 (6 mars 1449), 3 stroszrouber von der
von *Rinfelden* teil.

(4) *Basl. Chron.*, IV, p. 295, l. 20 (8 mars). Funff arm knecht (P. 390,
l. 3).

(5) Die zunffte ein teil machtend sich uff in den *Korenmerget*..., die Metzi-
ger, Winlutt, Reblutt, Zimberlutt, Schuochmacher und ander mit gewalt ir
banner usszstiessend, mit der cleinen stat (*Basl. Chron.*, IV, p. 298, l. 8, 10).

masse devant le palais épiscopal (1). Après beaucoup de clameurs et d'agitation (2), les tribus résolurent de contraindre les magistrats à diriger une expédition contre le château de Blochmont (3). Rangés sous les bannières de leurs corporations, les artisans marchèrent sur la maison de ville. Ils sommèrent le conseil de tirer de l'arsenal le drapeau de la commune et les engins de siège (4). Les conseillers refusèrent. Alors les tribus, auxquelles s'étaient joints plusieurs membres des autres corps de métiers, sortirent de la ville, malgré la défense formelle du conseil, et se dirigèrent vers le château (5). Elles en commencèrent aussitôt le siège. Cependant les magistrats de la commune délibéraient. Inquiets sur l'issue d'une expédition qu'ils jugeaient téméraire, redoutant quelque sanglante défaite, ils se décidèrent à faire partir du renfort. Dans la nuit même du dimanche au lundi, la ville entière avec la grande bannière et l'artillerie se mit en marche (6).

Les bourgeois menèrent le siège avec ardeur, sans se laisser détourner de leur entreprise par les essais de conciliation que firent successivement Rodolphe de Ramstein et les députés de l'Autriche à la diète de Brisach. Au sire de Ramstein qui avait proposé sans succès une capitulation à Henri d'Eptingen, et que son infatigable bienveillance poussait à tenter d'autres accommodements, les bourgeois répondirent avec brusquerie : « Il est inutile de rien chercher, nous voulons le corps et les

---

(1) *Das su* minen herren von *Basel* vast zuoreddent : er were ein verreter *und* boesszwicht, were er im Korenmerck gesin, es were zwiffelichen gesin, men hette in erslagen; und were ein teil gefolget, men were imme fúr sin hoff gezogen (P. 299, l. 1).

(2) Und ein grosz murmelin wart (P. 298, l. 18).

(3) Woltend die roette zwingen ussz zuo ziechen fúr *Blochmunt* (P. 298, l. 9).

(4) Die in der cleinen stat zugent mit gewalt, mit drigen bannerin, mit den Metzigerin fúr das richthus, fordertend das houbtbaner ussz zuo stecken und domitte gantz ussz zuo ziechen mit dem gezúge (P. 298, l. 12). Wurstisen, p. ccccxvj.

(5) Noch allen sachen zugend sú wider des rotz willen ussz (*Basl. Chron.*, IV, p. 298, l. 16).

(6) Uff drú gegen tage zoch die stat mit der houbtbaner und mit dem gezúge (P. 299, l. 6).

biens du chevalier, c'est pour cela que nous sommes ici (1). »
Aux envoyés de l'Autriche menaçant de suspendre les négociations, on dit tout crûment, que l'armée était devant la
place (2).

Le mercredi, le château était pris d'assaut. Hermann d'Eptingen, fait prisonnier avec trois nobles, fut conduit dans les
rangs de l'armée communale (3). On lui garantit la vie sauve
jusqu'à son arrivée à Bâle, où le grand conseil devait décider
de son sort. Les bourgeois vidèrent le château. Au milieu de
la nuit, ils y mirent le feu. Hermann, enchaîné et placé dans
une tente au milieu d'une troupe en armes, forcé, par un excès
de cruauté, d'assister à ce triste spectacle, pleurait et maudis-
sait le jour de sa naissance (4). Le lendemain on lui fit faire à
pied le chemin de la ville, et on le jeta en prison. Sans perdre
de temps, les bourgeois rasèrent les ruines du château. Le 3
mai, ils rentraient avec deux cent cinquante chars de butin. A
la suite de cette nouvelle victoire sur la féodalité, plusieurs
artisans reçurent le droit de cité (5). Ainsi se termina à l'hon-
neur de la bourgeoisie, cette campagne entreprise par quelques
artisans audacieux en dépit du conseil (6). Le traité de Brisach
qui survint dans ces entrefaites (14 mai) empêcha la commune
de consommer sa vengeance par la mort de Hermann d'Eptingen.

Les scènes précédentes, détachées des chroniques contem-
poraines de la guerre de Bâle avec la maison d'Autriche don-
neront une idée de la lutte des bourgeoisies allemandes contre
la féodalité laïque. Il faut songer, en effet, que des guerres
pareilles désolèrent pendant plusieurs siècles toutes les pro-

(1) Rettend sú schraff mit dem von *Ramstein* : es wer kein sachen zuo
suochen; sú woltend lip *und* guot han (P. 299, l. 13).

(2) Der gewalt was vor dem slossz (P. 299, l. 21).

(3) Gefuert in das herr, getroestet uff gnode fúr den grossen rott zuo *Basel*
(P. 299, l. 26).

(4) Wart gebunden in ein gezelt geleit und muoste sechen das hus brennen
(P. 455, l. 23).In der nacht uff 2, weinde er, sprach : « Ach das got erbarm,
das ich in muotterlip ie kam vor leyde! » (P. 300, l. 4).

(5) *Basl. Chron.*, IV, p. 56, l. 19.

(6) Werend die in der cleinen stat gesin, der zug were nit beschechen;
denne es wider der roetten willen was (P. 300, l. 21).

vinces de l'Empire germanique; et peut-être cette considéra-
tion ajoutera-t-elle quelque intérêt aux récits de ces événe-
ments locaux. L'aversion que le noble et le bourgeois éprou-
vaient l'un pour l'autre fut si générale, si persistante, si
connue, qu'au xvi⁰ siècle, la veuve d'un marchand de Bâle,
membre du conseil, impliqué dans l'affaire des pensions et
mort en exil après confiscation de ses biens, chargea de sa
vengeance douze seigneurs du Palatinat et de la Lorraine.
Ceux-ci écrivirent au conseil une lettre signée de leurs noms,
par laquelle ils déclaraient que si restitution n'était pas faite
dans le délai d'un mois, ils n'hésiteraient pas à égorger et à
piller les marchands qui se hasarderaient à voyager (1). **La
ville** put échapper à l'effet de cette menace, mais ce ne fut ni
sans peine, ni sans des frais considérables.

Il est facile maintenant de distinguer le caractère de la
guerre de Bâle avec l'Autriche. Les Habsbourg avaient pour
eux toute la féodalité voisine de la ville, et dans la ville
même, les chevaliers, beaucoup d'*achtburger*, au total une
grande partie de la haute chambre. Aussi la guerre présenta
deux faces bien différentes. A l'égard du patriciat, elle prit la
forme d'une lutte de partis, et s'encadra, pour ainsi parler, dans
la guerre toujours ouverte du patriciat et de la plèbe. Par ses
détails, appel à l'étranger, proscriptions, loi des suspects, elle
ressemble à toutes les querelles intérieures des communes au
moyen-âge. Quant à la guerre extérieure, elle mettait en présence de la féodalité seigneuriale la féodalité municipale, des
seigneurs des châteaux les seigneurs de la ville. Des deux côtés
on se fit une guerre de brigandages et de dévastations. Dans
les deux camps on combattit pour des fiefs et des droits doma-
niaux. Si l'on prend les articles du traité de Brisach, on voit
qu'il y est principalement question de péages, de redevances
seigneuriales, de dîmes, de droits de parcours et d'entrecours,
de droits de juridiction (2). A tous les points de vue, la guerre
avec l'Autriche fut donc une guerre seigneuriale.

Ce fut sous cet aspect qu'elle apparut aux paysans du do-

----

(1) 1527. Wo sy solliche frowen... nit vernuezten in monetz frist,... dan
sy vermeinten etlich koufflüt... mit iren guttren nyder zu werffen (*Basl. Chron.*,
I, p. 56, l. 35). P. 30, l. 2.

(2) Wurstisen, p. ccccxvij. Heusler, p. 307, s.

maine de Bâle. On remarque dans la lutte des bourgeoisies allemandes et de la féodalité laïque un fait curieux. Les paysans s'étaient ralliés au parti de la noblesse (1). « Lorsque vint l'été » (de 1448), écrit Appenwiler, « les paysans nous donnèrent beaucoup d'inquiétude, car ils étaient nos ennemis. Ils nous firent un grand mal par leurs mauvais propos. « Il « n'y a pas, disaient-ils, un village si misérable qu'il soit où « l'on n'ait plus de sécurité que dans la ville, la bourgeoisie « ne tiendrait pas seulement trois jours devant nous (2). » On a dit, pour expliquer cette attitude des paysans que la terreur causée par les bandes de mercenaires au service des villes avait rapproché les populations rurales de leurs seigneurs. Mais on ne voit point pourquoi les paysans de la commune eux-mêmes lui étaient hostiles. Dans le fond, rien n'intéressait les paysans au triomphe de la bourgeoisie. Lorsque l'artisan des tribus s'efforçait à renverser le patriciat, il pouvait croire qu'il travaillait pour établir l'égalité des droits, bien qu'il ne fît que contribuer à l'élévation d'une aristocratie nouvelle. Mais le paysan, quel que fût le vainqueur, noble ou bourgeois, ne devait se faire aucune illusion. Il trouvait dans un long passé de soumission au régime féodal le présage certain de l'avenir. Tout au moins le sentiment de l'immutabilité de sa condition aurait dû, semble-t-il, le tenir à l'écart de la lutte et l'empêcher de manifester une préférence ou une antipathie. Mais aux yeux du paysan, le bourgeois, c'était le seigneur, cela suffisait pour qu'il le considérât comme l'ennemi. Il n'y avait qu'un moyen d'attacher la classe rurale au parti de la commune, c'était de lui permettre d'entrer en partage des libertés municipales par la concession du droit de cité. Le conseil le vit bien. Par une ordonnance du mois d'août 1445, il ouvrit tout au large la bourgeoisie à ses sujets de la campagne « afin de les rendre fidèles (3). » Ceci montre clairement que

---

(1) Nitzsch, *Geschichte des deutschen Volkes*, III, p. 325.

(2) Als nun der sumer harzuo kam und wir mit den dorflüten vill drangs hatent..., sy unser vienden worent,... sy den von *Basel* vil übels *tetent* mit boesen schantlichen worten,... es were kein dorf so snoed, man were sicherer din, den in der stat..., und meintent, wir moechtent die stat nút dry tag vor inen gehept haben (*Basl. Chron.*, IV, p. 183, l. 6).

(3) 12 août 1445. Wer das burgrecht wolt koufen, dem wart es umb 3 s.,

la cause des villes n'était, en réalité, que celle de leurs franchises municipales et de leur souveraineté territoriale. Quelles que soient les apparences, il ne faut voir dans la lutte des bourgeois contre les seigneurs que la guerre de deux féodalités rivales. Ce n'était point le combat de la liberté contre la servitude.

dorumb das sy dester fromer werent (P. 183, l. 16). P. 54, l. 15. P. 213, d. Le texte précédent parle d'un achat du droit de cité; en réalité, la bourgeoisie était concédée à titre gratuit, car la taxe de trois sous était un simple droit d'inscription exigé même de ceux qui avaient acquis la bourgeoisie par le service militaire.

# GLOSSAIRE — INDEX



**ACHTBURGER.** Littéralement : *huit bourgeois, octemvir* (Urstisius, p. 168). Les *achtburger* formaient l'une des trois classes de la bourgeoisie de Bâle. Dans la hiérarchie sociale, ils étaient au-dessous des chevaliers, au-dessus de la plèbe. Avec les chevaliers, ils composaient le patriciat. Ils avaient huit représentants dans le conseil de ville. 120, 127, 136, 186, 189, 192, 193, 243. N. et A., 5, 10-15, 18, 19, 23, 26, 31. P. J., 8, § 30; 9.

**ACHTSCHNITTER.** Moissonneur qui fait à titre de corvée la récolte du seigneur. 38, 111. Sur l'*achtschnitter* et le pain de corvée (*achtbrod*), *Br.*, p. 41; Hanauer, *Paysans de l'Alsace*, p. 234, s.; *Constitutions des campagnes de l'Alsace*, p. 40, 14°; p. 67, 10°; p. 247, 13°; R. Kemps, § 3, 14; Burckhardt, p. 147, 149; P. J., 69, § 7, 200, n. 50; 202, n° 51.

**ALLEU,** *Héritage, Eigen, Frey eigen.* Terre franche. La franchise de l'alleu (Allodialis libertas, Boos, I, 42, v. 1230) consistait en ce que la terre n'était tenue de personne. Pour la formation d'alleux par occupation de parcelles du domaine public ou régalien, v. le *Roolle du Pays :* « Secondement. La grace de « nostre tres souverain prince et « seigneur se plaint des devant « nommés treize francs villages et de « leurs consors, de ce que les hautes « joux, selon le contenu de ses « regalies et reprises, nonobstant « qu'elles luy soient seulement et a

« nul autre appartenantes et a son « Evesché, estoient cernoyées et « essertics par iceux, entre eux de-« parties et par heritages vendues » (P. 11). Par exception, le droit d'occuper des terres était admis sur une montagne de la mairie de Delémont. « Le Raimeux », continue le *Roolle,* « est une vraie haute joux. « Neanmoins les... subiects du vaul « de Delemont de toute ancienneté « eurent cette franchise et droiture « qu'un chascun d'iceux peut aller « sur cette montagne et monter sur « un arbre et depuis iceluy sur un « autre et sur le troisième et ruer « ou ietter son hatchate ou hache « et si loing qu'il l'aurat rué, il « pourat tout a lentour de l'arbre « sur lequel il aurat commencé à « ruer son hache, esserter et retenir « icelle terre pour luy et son heri-« tage,... et y assigner son anni-« versaire ou en marier ses enfans « ... ou pour en toute autre ma-« nière disposer, comme de ses au-« tres biens propres » (P. 56, s.). Cpr. R. mairie de Delémont (T. V, p. 169, al. 1. *Gert = branche* qui sert à enclore. Hanauer, *Paysans de l'Alsace,* p. 297, n. 1. *Fry eigen = héritage*). V. encore : Zœpfl, *Alterthümer,* I, p. 185, s.; sur les mots *infang* und *bifang :* Garsonnet, *Histoire des locations perpétuelles.* p. 201; Heusler, *Institutionen des deutschen Privatrechts,* II, p. 66. — 45, 46, 56, 128, 130; P. J., 193.

AMMANN. V. *Præco,* 160, 161.

AMMEISTERTHUM. A Bâle, fonctions de maître des échevins. Tribunat de la plèbe. Le maître des échevins (*ammeister*) était le second chef de la commune. Tandis que le maître-bourgeois, qui était le premier, appartenait à la classe des chevaliers, le maître des échevins sortait de la plèbe. 80, 176, 192, 216, 229, 246. N. et A., 8.

AREÆ. Impôt sur les *areæ.* Taxe seigneuriale sur les terrains bâtis ou non bâtis situés dans les villes. Appelé aussi impôt des toises (T. IV, p. 733, 740, 747, 748, 758, 796, 797). 38, 46, 111, 146, 242. P. J., 6, § 23; 113, 190, n. 17.

ATRIUM. V. *Castrum.* 53, 110.

BANWARD. Littéralement : *garde du ban* ou territoire. Garde champêtre (T. I, 266, v. 1187; 347, 1230). 169. P. J., 31, n. 2, 62, § 6; 76, § 9.

BISCHOFSRECHT. Recueil des droits de l'évêque, principalement de ses droits dans la ville de Bâle. 12, 36, 61, 120.

BLUTGERICHT. V. *Judicium sanguinis.* 18, 32, 42; P. J., 145.

BREUIL, *Brühl, Broilum.* Dans un domaine rural, parc ou pré faisant partie de la terre salique ou réserve seigneuriale (T. II, 155, 1270; IV, p. 689, 856. Hanauer, *Constitutions des campagnes de l'Alsace,* p. 66. Fustel de Coulanges, *Alleu et domaine rural,* p. 442). A Saint-Ursanne, le breuil était le pré dit « pré l'abbé », dont le nom remontait pour le moins au XI^e siècle (P. J., p. 31, § 55). A Lugnez, c'était peut-être le « pré dominile » (T. III, p. 714, 1322, 10 nov.). Pré dit « du Breuille », à Cœuve (V, p. 706, 1401). Brül du domaine de l'abbaye d'Einsiedeln à Sierenz (Burckhardt, p. 193). 89, n. 6. P. J., 193, 200, n° 50, I.

BURGENSIS. Bourgeois.

BURGLEHEN, *Feodum castrense.* Littéralement : *fief de château.* Fief concédé sous la condition que le vassal (*burgmann, castrensis*) résidera dans une forteresse, château ou ville, et la défendra. 45, 145, 146. P. J., 13, § 50.

CASTRUM, *Burg, Château.* Quartier de Bâle autour de la cathédrale et du palais épiscopal, primitivement clos de murailles et de tours. 53, 110, 180, n. 1, 235. P. J., 7, § 26.

CHÉSAL, *Casale, Hofstat, Area.* Terrain bâti. 1266. Lor masson et le chessaul sor laquelle siet (T. II, 122). 1406. Les chesaulz *sainct Fruel* en la ville de *Cove,* desquelz les habitans sont parrochiens de *Dampfruel* (III, p. 256; V, p. 722). Terrain non bâti (T. I, 405, v. 1250. *F. R. B.,* II, 481, 1260, p. 502. T. IV, p. 819). — *Francs chésaux, Casalia libera, Freie hofstæte.* Terrains exempts de la juridiction de droit commun. 1452. Reversalis baronis de *Hasenburg* in qua recognoscit se in feudum recepisse ab episcopo... Item ein frye hofstat zu *Sant Ursitz* (T., V, p. 807). *Chésaux appelés « des chevaliers fitiers ». Casalia vocata « militarium pheodorum «* (T. IV, p. 286. Cpr. III, p. 769, 1335, 6 oct.; V, p. 705, 1401, 13 août; p. 740, 1416, 27 févr.; p. 741, 26 juin). Terrains dépendant de fiefs de chevaliers et jouissant de la même immunité que les francs chésaux. Sur les terres dites « biens de chevaliers » (*Rittergüter*) et l'identité des *Rittergüter* et des *Fronhœfe,* v. Garsonnet, *Histoire des locations perpétuelles,* p. 429). 89, n. 6, 121, n. 3; 144, n. 1; 221. P. J., 41, § 11, 72, § 22, 78, § 3, 114, 197, 198.

CIVIS. Bourgeois. Employé plutôt que *burgensis* pour désigner le bourgeois de la ville épiscopale. *Civis Basiliensis.* 130, n. 5.

Civitas. Circonscription territoriale gouvernée par le comte. Ville où réside le comte et qui est le chef-lieu de cette circonscription. Longnon, *Gaule au VI<sup>e</sup> siècle*, p. 228. — 37.

Colloquia regalia. Assemblées plénières des grands de l'Empire sous la présidence de l'empereur. 3, 102. N. et A., 1, 3,

Colonger. Tenancier d'une terre dépendant d'une cour colongère. Les colongers étaient ou nobles, ou ecclésiastiques, ou bourgeois, ou, en général, paysans libres (*liberi rustici*) et privilégiés, ou anciennement serfs ou *ministeriales*. — Pour les nobles, ecclésiastiques, établissements religieux, membres de communautés colongères : N. et A., p. 3 ; P. J., p. 60 ; p. 156, append., 5° ; et Trouillat, III, p. 697 (1314, 11 nov.), p. 729 (1328, 20 janv.), p. 760 (1334, 21 juin), p. 767 (1335, 13 juin), p. 776 (1337, 25 avr.). Ils partageaient, en principe, le régime des autres colongers. 1° Ils étaient tenus de recevoir en la forme d'usage l'investiture de la colonge qu'ils avaient acquise (*suprà*, p. 97). 2° Ils se soumettaient aux différents droits seigneuriaux. Ils devaient serment de fidélité au propriétaire du domaine, payaient les deniers de cens, fournissaient les prestations en nature, et les poules et chapons de redevance. Il fallait une dispense formelle pour exempter du banvin le colonger noble (Hanauer, *Paysans de l'Alsace*, p. 112). 3° Ils siégeaient dans la justice des colongers (T., V, p. 831, 1464), et assistaient au plaid général. Parmi les vingt-quatre colongers de Porrentruy élus, au commencement du xv<sup>e</sup> siècle, pour faire trois fois par an au plaid général le

rapport des droits et coutumes de la cour nous trouvons trois nobles, Jean de Boncourt, écuyer, châtelain (40, 1406 ; 52, 1412 ; 70, 1421 ; p. 713, 1404, 22 mars), Henri de Boncourt, écuyer, sire de Montvouhay (80, 1426), Ferri de Rocourt, écuyer (114, 1438 ; p. 755, 1424, 15 mai), un clerc, notaire de l'officialité de Besançon, Huguenin Miégeat (p. 723, 1406, 17 nov.; p. 744, 1417, 21 mai), enfin les administrateurs de trois fondations religieuses, à savoir les hospitaliers pour cause des terres de l'hôpital (X. Kohler, *L'hôpital bourgeois,* 1866), le chapelain de la chapelle de la vieille image Notre Dame (T., IV, p. 692, 1363, 17 juill.; p. 714, 718, 1369, 19 févr., 3 déc.), le chapelain de la chapelle Monsir Alar (R. Porrentruy, V, p. 311). — Pour les colongers bourgeois, v. même rôle. C'étaient en général de riches et notables bourgeois et même des magistrats : Henri Voillin, juré et échevin de la ville, puis lieutenant du maire (37, 1404 ; 52, 1412 ; p. 716, 1405, 16 janv.; p. 729, 1409, 6 oct.; p. 747, 1418, 26 févr., p. 775, 1437, 1<sup>er</sup> juill.); Henri Parend, prévôt de la ville (p. 768, 1432); Henri de Courtemblin, ambourg de l'église paroissiale (*ibid.*): Jean Grandevoigne, qui participa à toutes les fondations pieuses de son temps (T., IV, p. 808, 1389, 20 mai; p. 849, 1396, 6 déc., Vautrey, *Notices historiques,* III, p. 3, 1394. T., V, 40, 1406 ; p. 706, 1401, 11 déc.; p. 707, 1402, 23 mars ; p. 755, 1424, 15 mai; p. 774, 1436); Jehan des Raibes, juré et échevin ; Jehan Bellency, juré et échevin, conseiller de ville, conforteur ou lieutenant du maître-bourgeois (37 ; p. 734, 1411, 27 août; p. 765, 1429, 1<sup>er</sup> déc.; p. 768, 1432). — A l'égard des colongers *ministeriales,* v. T., I, 201 (1148); 243 (1179), p. 372.

Condictum. Association professionnelle librement formée entre artisans du même métier. 106, 109, 112-114.

Cour colongère. V. *Dinghof.* 15, 45, 61, 81, 85, 91, 96-104, 120, 132, 141, 153, 168-174, 222. P. J., 16, 20, 55-84, 152-158, 189, 192, 201.

Curia. Domaine rural. Maison ou hôtel à la ville. 1329. Domum meam seu curiam sitam *Basilee* (T., III, 239). 93, 99, n. 4. P. J., 65, 193.

Curialis. Cultivateur attaché à un domaine. 89, n. 3, 100, n. 1. P. J., 65-67, 194.

Ding. Plaid, Séance de justice. 92, n. 5. N. et A., 3. P. J., 16.

Dienstmann. V. *Ministerialis.* 55-57, 59, 61.

Dinghof. Littéralement : *cour de plaid.* Domaine dont les cultivateurs se réunissaient en assemblées plénières et périodiques appelées « plaids généraux ». C'était la cour colongère. 15, 30, n. 3; 44, 91, 92, 96, 99, 103. P. J., 16, 62, 64, 67, 69, 71, 195.

Dingrodel. Littéralement : *rôle de plaid.* Recueil des coutumes d'un domaine ou d'un pays dont on donnait lecture dans les plaids généraux. Les *dingrœdel* sont, pour la plupart, du xiv° ou du xv° siècle. La rédaction du IIᵉ rôle des colonges de Porrentruy (T., V, 97, xiv° s.) est postérieure à 1406, il y est question de l'hôpital, des hoirs Jean Pequignat et des hoirs Perrenat (T., V, 40, 1ᵉʳ nov. 1406), mais elle n'a pas été faite en exécution de l'ordonnance de la comtesse Henriette de Montbéliard du 29 octobre 1432 (96), car elle mentionne Henri de Boncourt, mort l'année précédente (p. 768, 769). Enfin elle doit être placée plus près de 1406 que de 1431, puisque la comtesse se plaignait que depuis longtemps

ou n'avait fait le rapport des droits et franchises des colonges. 15, 84. P. J., 16, 68, § 3 *bis;* 76, 83, 153.

Districtus villæ. Droit de justice du seigneur dans le domaine rural. 98. P. J., 62, § 3-6.

Échevins. V. *Scabini.* 53, 66, 67, 95, 158-162, 166, 170, 188. N. et A., 2. P. J., 17, 22. 68, n. 5; 71, § 19; 192.

Écoutète, *Schultheiss.* Fonctionnaire investi de la basse justice et de pouvoirs administratifs. Maire dans quelques villes. 47, 58, 66, 107, 111, 152, 159, 160, 166, 202, 203, 221. P. J., 62, § 2, 6.

Eimer, *Eymer.* Seau. Muid (T., III, p. 799). 146, n. 9.

Einung. Ordonnance, Statut, Amende. 226, n. 4. P. J., 85-90, 97-98.

Expeditio imperialis. Expédition faite par l'empereur. 37. N. et A., 6.

Familia. Ensemble des serfs attachés à l'exploitation d'un domaine ou faisant partie de la suite ou de la cour féodale d'un évêque, d'un seigneur. 20, n. 1. 56, 150. P. J., 188.

Freihof, *Libera area, Franche courtine.* Asile. Pour l'inviolabilité dont jouissaient encore au xviii° siècle les fugitifs qui tenaient la poignée de la porte du manoir épiscopal à Delémont, v. l'usage des *anneaux de salut* à l'époque franque (Glasson, *Histoire du droit et des institutions de la France,* III, 1889, p. 685). C'étaient des anneaux de fer scellés dans les murs, à l'extérieur des bâtiments consacrés à la religion, des demeures des évêques. Ceux qui parvenaient à les saisir profitaient du droit d'asile. — Sohm, *Städtewesen,* 1890, p. 53, s. — 90, 91, n. 1, 139. P. J., 8, §§ 29, 30; 70, § 11; 74-76, 79, § 10; 81, § 23; 84.

Frevel, *Fravail.* Injures et violences. 1210. Iniuria que vocatur « frauail » (T., I, p. 454), 1304. Iniurie, violencie et furti wlgariter

« dúbstal vnd freuel » (III, 39, p. 82). 32, 94, n. 7, 99, 101. P. J., 34, § 73; 41, § 11, 42, § 14, 45, 46, 62, 63; 74, § 36; 85, §§ 5, 7; 87, §§ 3, 8, 9; 88, §§ 11, 18; 89, § 35; 92, § 10; 93, § 13; 94, § 21; 95, §§ 32, 33, 34; 96, § 44; 97, § 50; 100, § 3, 120, § 10; 121, § 18; 179, n. 1.

Frivolentia. V. *Frevel.*

Fronhof. Enclos du manoir seigneurial. 38, 90, 100. P. J., 193, 200.

Gau. V. *Pagus.* 28.

Gesta municipalia. Registres publics des cités de l'Empire romain. 139.

Gewerf. Contribution extraordinaire. 142. N. et A., 6.

Hausgenossen, *Zum Bæren.* Corporation des monnayeurs et changeurs. 107, 189. N. et A., 12.

Haute chambre, *Hohe Stube.* Patriciat de Bàle, 175, 187, 235, 239. N. et A., 10-15, 21, 31.

Heimsuch. Irruption violente dans la maison d'autrui. Frivola inquisitio in domo (Charte de Colmar, 1293, T., II, p. 534). 134. P. J., 19, 32, § 59; 85, § 10; 88, § 14; 94, § 25; 100, § 3.

Hemburgie. Police rurale (Cpr. : T., IV, p. 285, 287, 1369. P. J., p. 40, § 7, p. 42, § 13, 14 et P. J., p. 25, § 13, p. 47, § 17). 94, 169.

Hofleute. V. *Curiales.*

Hofmeister. Maître d'hôtel. P. J., 61. Maire. 93. P. J., 70, § 15.

Homines proprii, *Eigenlute.* Serfs ordinaires et *ministeriales* (R. Kems, 1282, § 1; Burckhardt, p. 139. T., II, 316, 1285. Waitz, *Deutsche Verfassungsgeschichte,* V, p. 193). 1241. *Rudolfum* dapiferum et alios ... qui ad ipsum jure proprietatis pertinebant (T., I, 378, p. 557). On les opposait aux vassaux ou *homines feodales* (T. II, 305, 1284). 1303. Homines qui ad nos sive jure proprietatis, sive jure feodi pertinebant

(F. R. B., IV, 133). — 19, 20, n. 1; 124, 125, n. 1. P. J., 62, § 6; 63, § 11; 71, §§ 17, 18; 72, § 28; 73, § 29.

Hub, *Hoba.* Dans un domaine seigneurial le lot de terres exploité par chaque colon. 88. P. J., 57, 72, 152, n. 1, 194, n° 30.

Institores. A Bâle, corporation comprenant : 1° le commerce en détail des articles d'importation; 2° les industries nouvelles établies en vue de restreindre l'importation (Geering, *Handel und Industrie der Stadt Basel,* p. 34). 110.

Judex publicus (Neugart, *Codex diplomaticus Alemaniæ,* I, 188, 816). Fonctionnaire investi du pouvoir judiciaire public. V. *Publica judiciaria potestas.* Comte. *Missus* (Missi nostri discurrentes. Privilège d'immunité de Carloman pour les abbayes de Moutier-Grandval et de Saint-Ursanne, T. I, 41, 769. Sur ce diplôme, v. Morel, *Abrégé de l'histoire du ci-devant évéché de Bàle,* Strasbourg, 1813, p. 165; Sickel, *Urkunden der Karolinger,* II, p. 226, C. 13; Böhmer-Mühlbacher, *Regesta imperii,* I, p. 53, n° 127, a. 768-771). 34.

Judicium provinciale. Plaid général du pays. 29, 34, 50-53, 99, 221, n. 1.

Judicium sanguinis. Juridiction sur les crimes capitaux. 41, 177.

JunGker. Damoiseau. Homme de naissance noble qui n'est pas chevalier. 45. N. et A., 18, n. 4. P. J., 61; 131, § 50; 163, 166. *Achtburger.* 239, n. 4. N. et A., 12.

Kaufleute, *Zum Schlüssel.* V. *Mercatores.* 110, 114, 239, n. 4. N. et A., 12, 14, n. 5.

Kræmer, *Zum Safran.* V. *Institores.* 110, 113, 114, 132, 239, n. 4. N. et A., 12, 14, n. 5.

Landgericht. V. *Judicium provinciale.* 34. Plaid général d'une

viri *Rodulfi* domini in *Nidowe* comitis Novicastri (*F. R. B.*, III, 42). 1300. Viri nobilis domini *Ottonis* de *Strazberc* (IV, 4); 2° les seigneurs de petits domaines, 1270. *Bur.* nobilis de *Duanna* (II, 686); 3° les simples chevaliers (T., II, 63, v. 1260); 4° les damoiscaux. 1284. *Renaldus...* de *Cuore* domicelli (T., II, 312). 1296. Reynaldus, nobilis de *Cuova* (469, III, 144, 1317); 5° les écuyers, 1386. Nobles hons *Henriz* de *Coue,* dit *Grue,* escuiers (IV, 226); 6° les *ministeriales* de la plus haute classe, 1230. Si qui *ministerialium...* in parrochia S. Petri conmorantes sibi apud S. Leonardum sepulturam elegerint... Eadem lex erit, si quando *huiusmodi nobiles* in parrochia S. Leonardi domicilium habentes sibi apud ecclesiam S. Petri elegerint sepulturam (*UB. Basel,* I, 113, p. 81, l. 20, 31). *F. R. B.*, IV, 143 (1303), 344 (1309). V. encore : 1246. Nobiles viri *Rodulfus* comes de *Habchspurc* iunior (baron), *Petrus* et *Otto Scalarii* (*ministeriales* de l'église), Hugo de Ilzeche (chevalier, *UB. Basel,* I, 191). 45, 129, n. 1, 141, 193. N. et A. 1, 16-18, 20, 24, 25, 27, 31, 32. P. J., 126, § 28; 196, n° 37.

OFFICIUM. Corporation ou atelier d'artisans exerçant un métier sous la direction d'un intendant du seigneur. Fonctions de cet intendant. 79, 106-109, 110-112, 114-117.

OUGSCHINBERLICH. Ce qui est d'une évidence palpable. P. J., 105.

PAGUS. Pays. En général, comté. 13, 14, 28, 30, 34, 48, 50, 99, 155. P. J., 144-148.

PFALZ, *Palatium.* Palais. A Bâle, terrasse derrière la cathédrale au-dessus du Rhin. 13, 37, 148. P. J., 1, 15.

POPULARIS. Celui qui n'est pas noble. 1293. Nullus popularis vel nobilis (*F. R. B.*, III, 555). = *Ignobilis* (T., II, 42, 1242). V. *Nobilis.* 141. P. J., 11. § 38.

POTESTAS. A partir du vii° siècle, nom d'un grand domaine rural (Fustel de Coulanges, *Alleu et domaine rural,* p. 264). 1, 28. P. J., 16.

PRÆCO, *Amman.* Huissier de la justice communale à Bâle. 160, 161, 166. N. et A., 7. V. *Vœble.* P. J., 96, § 44.

PSITTACI. Faction de Bâle favorable au pouvoir temporel, hostile aux Habsbourg. 73-76, 78, 136. N. et A., 14, n. 5.

PUBLICA JUDICIARIA POTESTAS (T., I, 33, 727, p. 65). A l'époque mérovingienne ou carolingienne, pouvoir judiciaire public ou royal, par opposition au pouvoir judiciaire des immunistes et des grands propriétaires. 34.

RAIS. V. *Rée.* P. J., 79, § 10; 147.

RATHHAUS. Littéralement : maison du conseil. Hôtel de ville. 119, 161, 240. N. et A., 20, 26, 29.

RÉE, *Rey, Rehaige.* Affouage (T., III, 115, 1314; 256, 1331, p. 447, n. 1; 308, 1339; V, p. 718, 1405, 900, 1492, 30 avr.). Forêt soumise à l'affouage. Territoire. 92, n. 5. P. J., 30, n. 2, 196, 202.

REGALIA. Les éléments de la souveraineté que l'on considérait comme une dépendance du pouvoir impérial, et qu'un prince, un évêque, un abbé, une bourgeoisie possédait en vertu d'une concession formelle de l'empereur (*F. R. B.*, I, 44, 1158). — 17, 32, 36, 41, 177, 233. P. J., 3, 160.

REGIUS BANNUS. 1° Élément de la puissance impériale consistant dans le droit de commander et de défendre et de recourir à la force (T., I, 109, 1040, p. 168; 167, 1125; 204, 1149, p. 314). Il correspondait à l'*imperium* des hauts magistrats romains, qui comprenait la *jubendi potestas* (L. 214, D., *De verborum significatione*, L, 16) et la *coercitio* (L. 5, § 1, D., *De officio ejus cui mandata est jurisdictio*, I, 21). 2º Cet élément délégué par l'empereur aux grands justiciers, comtes ou avoués, 823. Advocatus cui nos, vel successores nostri bannum super abbatiam eandem dabimus (Privilège de Louis le Débonnaire pour l'abbaye de Massevaux, T., I, 52, p. 104. Pardessus, *Des juridictions privées,* dans la *Bibliothèque de l'École des Chartes,* II, p. 113). 1125. Nec aliquis... aduocatiæ bannum a rege... suscipiat, nisi qui, abbate eligente, ... ad tantum officium... idoneus videatur (Privilège de l'empereur Henri V pour l'abbaye de Lucelle, T., I, 167, p. 247), 1283. Damus *Ulrico*... plenam... potestatem... animadvertendi in facinorosos, et punire scelera (Privilège de Rodolphe de Habsbourg pour la ville de Kirchberg et pour l'avoué de cette ville, Ulric de Thorberg, *F. R. B.*, III, 371, p. 351). 3º Amendes encourues pour contravention aux ordres et aux prohibitions émanés de l'empereur ou de celui auquel il a délégué le pouvoir d'ordonner, 785. Dedimus potestatem comitibus bannum mittere de... majoribus causis in solidos LX (Caroli Magni *Capitulare* de partibus Saxoniæ, c. 31, *M. G., L. L.*, I, p. 50). 1403. Monseignour de *Neuffchaslel* aitz tous gros bans de soixante solz (R. Lignères, *supra*, p. 15). 21, n. 1; 32, 36, n. 1, 42, 96, n. 1, 134. P. J., 24, § 11; 27, §§ 30, 32; 28, § 34; 42, §§ 12, 14; 45, § 3; 48 § 24; 57, § 6; 77, § 1; 78, § 7; 85, §§ 3, 7, 10; 88, § 10; 91, § 4; 94, § 22; 95, § 32; 98, §§ 52, 55; 100, §§ 5, 6; 109, § 7; 155, §§ 1, 2; 156, 198, § 6.

RICHTER, *Justice.* 1282. Je messi *Jaque* de *Colonmostier*, cheualiers, juistise a nouble baron *Thierry,* conte de *Montbliart* (T., II, 270). Justisse principals (III, 256, 1331, p. 416). Fonctionnaire revêtu du pouvoir judiciaire et administrant la justice en qualité de président d'un tribunal de jurés ou échevins. 66, n. 1, 141. P. J., 25, § 15; 29, § 41; 48, § 19; 78, n. 1, 86, § 18; 87, §§ 1, 5, 7; 89, §§ 29, 31, 33; 90, §§ 35-37, 42; 91, §§ 2-4; 92, §§ 5-7, 9, 10; 93, §§ 11-13, 16; 104, § 34; 123, § 7; 141, § 7; 147, 150, 152, 153, 161, 163, 168, 176, n. 1.

RICHTHAUS. Palais de justice. A Bâle, hôtel de ville. 161. N. et A., 29, n. 4.

SALLAND. V. *Terra salica.* 89, 90. P. J., 193. Il y avait encore en divers lieux des terrains ou « chésaux » que leur nom, les privilèges des tenanciers qui les occupaient et d'autres indices permettent de classer presque sûrement parmi les terres saliques. C'étaient : à Abévillers, le « franc chésal » de l'évêque ; à Damvant, les chésaux de la « rue franche » (R. Bure, T., IV, p. 147, al. 5; p. 144, al. 2); à Cheveney, le chésal du châtelain (V, p. 795, 1443, 14 nov.); à Moutier, le chésal de la prison du chapitre, que l'on appelait « chésal Nardevin, » peut-être du nom d'un homme noble et riche du XIIᵉ siècle, qui en aurait été le propriétaire, Nardevin de Delémont (T., I, 223, 1161; 234, 1175; 254, v. 1184; 268, v. 1188). Celui qui tenait le chésal était dispensé de payer les tailles et d'assister au plaid général. Sa seule obligation consistait à fournir le bois nécessaire pour chauffer la prison (R. Fleckstein, T., V, p. 440, al. 1; p. 445, al. 3; p. 448, al. 4. Cpr. P. J., p. 66, § 3; p. 76, § 7; p. 193).

Scabini. A l'époque carolingienne, corps de fonctionnaires chargés de rendre la justice sous la présidence du comte. A une époque plus récente, assemblée ou collège d'hommes libres siégeant en justice sous la présidence d'un comte, d'un seigneur ou d'un fonctionnaire seigneurial, avoué, maire, écoutète, prévôt. 2, 66, 159. P. J., 70, § 14; 75, n. 1.

Schaler, *Scalarii*. Famille de chevaliers de l'église de Bâle. 39, n. 7, 58, 60, n. 3, 73, 74, n. 1, 128, n. 3, 129, n. 3, 135, n. 3, 139, n. 1, 152, n. 4, 157, n. 2, 159, n. 4, 161, n. 2, 4, 6, 166, n. 2, 178, 179, 180, n. 1, 187, 196, n. 2, 202. N. et A., 2, 3, 7, 11.

Selgelende (T. III, p. 512). V. *Terra salica*. 90, 171.

Signum solitum. Seing du notaire consistant en un dessin plus ou moins compliqué (Paul Fournier, *Les officialités au moyen âge*, p. 45). N. et A., 7. P. J., 60.

Stadfrieden. Ordonnance qui prévoit et réprime les délits contraires à la paix de la ville. 10, 11, 68, 70, 78, 79, 81, 137, 140, 149, 155, 225-227. P. J., 85-104.

Stadtrecht. Statuts et coutumes formant le droit municipal, 68, 70, 198, 227. P. J., 143, n. 2; 162, 164, n. 1.

Stelliferi. Faction de Bâle dévouée à la maison de Habsbourg. V. *Psittaci*. 73, 76, 136, 179. N. et A., 14, n. 5.

Steuer. Taille, contribution personnelle. 11, 12, 24, n. 3, 4; 32, 46, 124, 138, 142, 146, 169, 204, 207, 208, 229, n. 1, 3. N. et A., 6. P. J., 18, 45, 46, § 7; 70, § 15; 71, § 16; 124, § 2; § 4; 127, § 31; 130, § 45; 131, § 59; 195, n° 31.

Terra salica. Portion d'un domaine que le propriétaire n'a pas divisé en lots exploités par des colons, mais dont il s'est réservé la jouissance et l'exploitation directe. 89, 90, 173. V. *Salland, Selgelend*.

Traite. Appel. 49, 51, 59, 99, 220 (Verbot der Appellation von Stadtgerichtssprüchen, *Rq.*, 146, 22 mai 1454. *Basl. Chron.*, IV, p. 316, n. 6), 234 (Verbot der Appellationen an das Reichskammergericht, *Rq.*, I, 239, 18 nov. 1517). P. J., 25, 47, § 18; 78, § 6 (Cpr. R. mairie de Delémont, T., V, p. 170, al. 3 : man nieman trengen sol noch twingen mag einen zug ze tunde, als wenig man einen man zwingen sol ze bruttende, der nit brutten mag). 123, § 7; 142, 143, 144, 150, 176, n. 1.

Udel. Maison ou pied-à-terre que l'on devait avoir dans une ville pour jouir du droit de bourgeoisie, 1256. Domum seu alium locum mansionis, secundum contrahende ibidem civitatis consuetudinem, quod vulgo dicitur udil (*F. R. B.*, II, 396, p. 414). 121, 206. P. J., 124-132.

Ungelt, *Böse Pfenning, Angal, Ungaul*. Droit qu'on levait sur certaines denrées, farine, viande (*Basl. Chron.*, II, p. 215, l. 18; p. 288, l. 25. Schönberg, *Finanzverhältnisse der Stadt Basel in XV und XV Jahrh.*, Tübingen, 1879), ordinairement vin, et dont le produit était, le plus souvent, affecté à l'entretien des murailles d'une ville. 11, 12, 18, 38, 43, 70, 144, 168, 187, 188, 196, 199, 204, 227, n. 1; 229, n. 1, 3. N. et A., 6. P. J., 31, § 53; 104-113, 123, § 8; 180, § 21, 197-200.

Ussburger, *Combourgeois, Bourgeois forain* (T., II, p. 309, n.). Bourgeois non résident. 17, 168, 204-210, 243. P. J., 124-138, 195, n° 31.

Vidôme, *Vicedominus, Vitztum*. Intendant de la cour épiscopale. 53, 56, 108, 166, 202.

VŒBLE. De l'allemand : *Webel.* Sergent, huissier (T., II, 108, 1264, weble ; III, p. 632, al. 3, voible). 169. P. J., 20, n. 3 ; 24, § 12 ; 27, § 29 ; 35, § 86 ; 36, § 93 ; 47, § 15 ; 48, § 22, 23 ; 149, 165.

WEINLEUTE. A Bâle, corporation des marchands de vin en gros et en détail (Ochs, II, p. 132). 107, 108, 114, 237, n. 3 ; 239, n. 4. N. et A., 28.

WUNNE UND WEIDE. Prés et pâturages. Communaux. Prés bannaux et communes pâtures. (T., I, 385, 1244). Droit de pâture. 1237. Communio in pascuis (370). 1256. Ego *Walterus* nobilis de *Klingen...* de possessionibus meis... in valle *Werra...* conventui... in *Hiuseren...* liberam facultatem piscandi in omnibus aquis meis cum pascuis et nemoribus communibus... contuli, ut ibidem perpetuo habeant quod vulgo dicitur *wnne unde weida,* secundum communem consuetudinem vallis memorate (*UB. Basel,* I, 315, p. 228, l. 14). Pour la formule : *holz und feld, w. und w.* v. *Rq.*, I, 193, l. 9. (1469) ; 220, l. 5 (1491) ; 290 n.

(1488) ; 11, 80, l. 4 (1545) ; Burckhardt, p. 10. T., III, 11 (v. 1300) ; V, p. 171, 742. Cpr., pendant la période franque, la formule d'énumération des biens compris dans le domaine rural, *cum silvis, campis, pratis, pascuis* (Pardessus, *Diplomata,* II, 544, p. 357). Cette charte du comte Eberhard d'Alsace mentionne plusieurs domaines situés au territoire de l'évéché parmi lesquels le *fiscus* de Delémont (in figo *Delemonte. Annales de l'Est,* 1890, p. 461, s.). Sur le sens des mots *W. und W.* d'après les documents de la fin du moyen âge, v. de Stürler dans *Archiv des historischen Vereins des Kantons Bern,* XI, 1886. — 92. n. 4. P. J., 62, § 5 ; 64, § 12 ; 71, § 16 ; 73, § 33.

ZUNFT. Tribu. Corporation de marchands ou d'artisans à Bâle. 17, 57, 61, 63, 64, 65, 74, 79, 104, 105, 106, 114-118, 120, 125, 126, 127, 133, 149, 152, 175, 181-200, 236-240. N. et A, 4, 8, 9, 10, 12, 14, 15, 16, 20, 21, 24, 26, 28, 29. P. J., 10, § 37 ; 11, § 38 ; 117, 192, n° 24.

# TABLE CHRONOLOGIQUE

## DES ÉVÊQUES DE BÂLE MENTIONNÉS DANS CET OUVRAGE (1).

Les nombres indiquent les pages. — N. et A., Notes et Appendices.
P. J., Pièces justificatives.

Haito (802 ?-822) (2).
Tradition suivant laquelle il aurait obtenu de Charlemagne la concession de l'immunité ecclésiastique pour l'évêché de Bâle. 34.

(1) A consulter : Catalogues anciens des évêques de Bâle, par exemple : *Breve Chronicon Basileensium episcoporum* (T., I, 123, v. 1070). *Basler Bischöfe* et *Catalogon der bischoffen secundum nomina in ordine* (*Basl. Chron.*, IV, p. 405-408). — Nécrologues, obituaires ou *Libri vitæ* des confréries auxquelles les évêques appartenaient ou des églises où ils fondaient leurs anniversaires : *Sanct Gallen Todtenbuch der Verbrüderungen* (xᵉ siècle), Saint-Gall, 1869. *Nécrologue de Zurich* du xiᵉ siècle dans *Älteste Denkmäler der Züricher Literatur*, Zurich, 1866. *Liber vitæ ecclesiæ cathedralis Basileensis* (T., II, 3, 13, 194, 489; III, 205; IV, 99, 195; V, 142, 185). *Liber vitæ ecclesiæ collegiatæ Monasterii Grandis Vallis* (T., III, 85; IV, p. 225, n. 1; V, 185). *Liber vitæ ecclesiæ collegiatæ Sancti Ursicini* (T., IV, p. 225, n. 1; V, 184). *Nécrologue de l'abbaye de Lucelle* (T., IV, p. 225, n. 1). *Liber vitæ de la confrérie Saint-Michel,* à Porrentruy (T., IV, 195; V, 185). — Nicolai Gerung, *Chronica episcoporum Basileensium* (*Scriptores rerum Basileensium minores,* Basileæ, 1752, et Trouillat, IV, 99; V, 64, 75, 77, 106, 130, 131, 185). *Epitome historiæ Basiliensis…* una cum episcoporum Basiliensium catalogo, authore Urstisio, Basileæ, les chapitres VI et VII et p. 293-308. Urstisii *Series episcoporum Basileensium suppleta* (*Script. rer. Bas. min.*). *Basilea sepulta* rectecta per Joannem Toniolam, Basileae, 1661, p. 1-4, 7, 8, 12. Sudanus, *Basilea sacra seu episcopatus et episcoporum Basileensium origo ac series.* Pruntruti, 1658. *Epitome fastorum Lucellensium* authore R. D. Bernardino abbate Lucellensi et Mulbrunnensi, Bruntruti, 1667. — Trouillat, I, introduction, p. xc-cxliv. *Gallia Christiana,* XV, 1860, episcopi Basileenses (col. 425-512). Mooyer, *Zur Feststellung der Reihenfolge der älteren Bischöfe des Hochstifts Basel* (*Beiträge zur vaterländischen Geschichte* herausgegeben von der historischen Gesellschaft zu Basel, VII, 1860). Merian, *Geschichte der Bischöfe von Basel.* Deux parties, Bâle, 1862. V. encore la liste des associés de l'abbaye de Reichenau au ixᵉ siècle publiée par Mᵍʳ Fiala, depuis évêque de Bâle, dans l'*Anzeiger für schweizerische Geschichte*, 1883; Arbenz, *Sᵗ Gallisches Verbrüderungsbuch,* Saint-Gall, 1883; le doyen Vautrey, *Histoire des évêques de Bâle,* Einsiedeln, I, 1884, suppléments au 1ᵉʳ volume.

(2) Chevalier, *Répertoire des sources historiques du moyen-âge* (1877-1883), col. 1057. *Supplément* (1888), col. 2649.

S. — T. I.

4

ADALBÉRON II (fin du xᵉ siècle, commencement du xiᵉ).

Rodolphe III, dernier roi de Bourgogne lui donne l'abbaye Saint-Germain de Moutier-Grandval et le monastère de Saint-Ursanne, dépendance de cette abbaye (999) (1), 30.

(1 *Gallia Christiana*, XV, instrumenta ecclesiæ Basileensis 8, col. 191. — Il est peut-être utile de remarquer que beaucoup de chartes extraites de la collection actuellement assez rare des *Monuments de l'histoire de l'ancien évêché de Bâle* de Trouillat ont été insérées dans le tome XV de la *Gallia Christiana* sous les titres : *instrumenta ecclesiæ Basileensis* (col. 185-272) et *supplementum instrumentis ecclesiæ Basileensis* (col. 273-304).

*Authenticité du diplôme par lequel Carloman, frère de Charlemagne, confirme l'immunité ecclésiastique accordée par Pépin le Bref et ses prédécesseurs à l'abbaye de Moutier-Grandval et aux deux abbayes dépendantes de Moutier, Saint-Ursanne et Vermes (Suprà, p. 34, n. 4. P. J., p. 16, p. 187, nᵒ 1).* La donation de Rodolphe III à l'évêque Adalbéron est une preuve de cette authenticité. Il n'est pas contestable qu'au xiᵉ siècle Saint-Ursanne relevait de Moutier-Grandval. On ne saurait non plus douter que Saint-Ursanne fût compris dans la donation de Rodolphe III. Cela résulte d'une confirmation de cette donation faite par Henri III, roi d'Allemagne : *Rudolfus Burgundionum* rex, sancte abbacie Marie, sanctique Germani quam *Grandem vallem* appellant cum cella *Santi Ursicini*, ad *Basiliensem* episcopatum... donaverat (T., II, 110, 1040). Le pape Léon IX, confirmant la donation de Rodolphe et l'acte de Henri III, s'exprime dans les mêmes termes (T., I, 119, 1053. *Gallia Christiana*, XV, instr. eccl. Basil., 15, col. 196). Quelques vestiges de cette ancienne supériorité de Moutier à l'égard de Saint-Ursanne persistèrent même plusieurs siècles après que ces deux abbayes eurent été converties en collégiales (fin du xiᵉ siècle ou commencement du xiiᵉ). Au xvᵉ siècle, on employait dans la prévôté de Saint-Ursanne les mesures en usage à Moutier (R. ville et prévôté, T., V, 103, § 48). Le chapitre de Saint-Ursanne possédait en Elsgau un domaine colonger à Buix et un autre à Courtedoux. Or, nous lisons dans le rôle de Buix que, si les assistants ou jurés de la justice ne peuvent se mettre d'accord sur un jugement à rendre, le procès sera soumis aux colongers de Courtedoux, et qu'enfin, s'il y a lieu, il sera plaidé à nouveau dans le cloître de Grandval (*Suprà*, p. 99, n. 2). Ainsi la justice du chapitre de Moutier reste tribunal d'appel pour les sujets du chapitre de Saint-Ursanne. Il a donc existé durant plusieurs siècles des relations officielles indiscutables entre les églises de Moutier et de Saint-Ursanne. La question est seulement de savoir si déjà sous le règne de Carloman, Saint-Ursanne était une annexe de Moutier. Le paragraphe final du chapitre VI du *Polyptyque de Saint-Germain-des-Prés* rédigé au ixᵉ siècle pourrait en faire douter, car il semble bien indiquer que Saint-Ursanne dépendait de Saint-Germain-des-Prés. « Il y a, au diocèse de Besançon, l'ab-« baye de Saint-Ursanne sur la rivière du Doubs, et à cette abbaye appar-« tiennent deux *villæ* ainsi nommées : Chevenez et Courtedoux (canton de « Berne, district de Porrentruy), propriétés du monastère de Saint-Germain » (*Suprà*, p. 30, n. 3. Longnon, *Polyptyque de l'abbaye de Saint-Germain-des-*

*Prés,* 1886, p. 75, n. 4). Tout d'abord, il est peu vraisemblable que l'abbaye de Saint-Germain-des-Prés, dont toutes les possessions étaient situées dans un rayon assez limité (Seine, Seine-et-Marne, Seine-et-Oise, Orne, Eure, Eure-et-Loire, Loiret, Aisne, Nièvre, Indre, Calvados), ait été propriétaire d'une abbaye éloignée de plus de cent lieues. Il semble, au contraire, très naturel que Saint-Ursanne fût dans la dépendance de l'abbaye toute voisine de Moutier. Cependant, quelque fortes que soient ces présomptions, à elles seules, elles ne suffiraient pas à ébranler le témoignage du Polyptyque de Saint-Germain-des-Prés. Les possessions des abbayes étaient souvent situées très loin. Au ıx° siècle, l'abbaye de Prum au diocèse de Trèves avait des terres en Anjou (Dom Martène, *Scriptorum et monumentorum amplissima collectio,* I, col. 56, s., 804). Mais deux textes, l'un contemporain du *Polyptyque d'Irminon,* l'autre antérieur d'un siècle environ, prouvent que, depuis le vıı° siècle jusqu'au ıx°, Saint-Ursanne était déjà annexé à Moutier. Le premier de ces documents est un diplôme de 849 par lequel l'empereur Lothaire prend Moutier sous sa protection et l'affranchit de tout impôt envers le fisc (Dom Bouquet, *Recueil des historiens des Gaules et de la France,* VIII, Diplomata Lotharii, 28, p. 385; *Mémoire pour Moutier,* pièce justif., 2, p. 104; T., I, 56. Cité dans une bulle d'Innocent VIII, *Mémoire pour Moutier,* pièce justif., 25, p. 142; T., V, 302; Sickel, *Urkunden der Karolinger,* II, p. 371; Böhmer-Mühlbacher, *Regesta Imperii,* I, 1889, n° 1103, p. 425). Dans ce diplôme, Lothaire se réfère à un acte par lequel son père, l'empereur Louis, suivant l'exemple de ses prédécesseurs, avait accordé sa protection à l'abbaye de Moutier et aux abbayes secondaires qui en dépendaient, à savoir la Celle Saint-Ursanne et l'abbaye de Vermes (Val de Delémont; T., I, p. 78, n. 3). L'autre texte est fourni par la vie de saint Germain, premier abbé de Moutier, mort vers 666. Cette vie, dédiée aux abbés de Luxeuil, de Moutier et de Saint-Ursanne, a été écrite vers la fin du vıı° siècle, d'après le témoignage de personnages contemporains de saint Germain, par un religieux de Luxeuil ou de Moutier nommé Bobolène (*Histoire littéraire de la France,* III, p. 631). Elle présente donc toutes les garanties d'exactitude. Nous voyons dans cette vie que saint Walbert, abbé de Luxeuil, après avoir fondé Moutier-Grandval, choisit pour premier abbé du nouveau monastère saint Germain, issu d'une famille sénatoriale de Trèves, et qu'il mit en outre sous la conduite de saint Germain les monastères de Saint-Ursanne et de Vermes. Tria monasteria, scilicet *Sancti Ursicini* atque *Verduncnse,* necnon et *Grandivalle* in suo recepit dominio (T., I, 29, p. 52). Tous les textes s'accordent donc à montrer dans l'abbaye de Saint-Ursanne une dépendance de Moutier. Dès la fondation de Moutier, par la volonté du fondateur, l'église de Saint-Ursanne, filiale, elle aussi, de Luxeuil, a été soumise à l'église de Moutier. On trouve ces églises toujours unies dans les priviléges des derniers rois Mérovingiens, de Pépin, de Carloman, de Louis le Débonnaire, de Lothaire, dans les donations de Rodolphe III et de Henri III, dans la bulle de Léon IX et jusque dans les rôles colongers du xıv° et du xv° siècle. Le seul texte discordant est le passage du Polyptyque de Saint-Germain-des-Prés. Or, il est reconnu (Longnon, p. 75, n. 2) que ce texte, d'une autre écriture que le chapitre à la fin duquel il est placé, « constitue une addition qui, selon toute apparence, pourrait « bien appartenir au ıx° siècle. » Il se peut qu'un scribe ignorant (remarquer

THIERRY (milieu du xıᵉ siècle).

Henri III, roi d'Allemagne, lui donne les droits de comte d'Augs-gau ou de Sisgau (1041) (1), 30.

les altérations Ursini, Chuviniacus), trompé par la similitude des noms, ait confondu saint Germain, évêque, patron de la célèbre abbaye de Paris, et saint Germain de Trèves, premier abbé de Moutier. — Un autre moyen de faux contre le diplôme de Carloman se déduit du titre de ce diplôme, tel qu'il est publié par Trouillat : Carolomannus, gratia Dei, Francorum ET LONGOBARDORUM rex (I, 41). Jamais Carloman n'a porté le titre de *rex Langobardorum*. Charlemagne lui-même n'a pris ce titre qu'à partir de 774, trois ans après la mort de Carloman (Dom Bouquet, *Recueil des historiens des Gaules,* V, Diplom. Caroli Magni, 19, p. 724). Carloman s'intitulait : *Carolomannus, rex Francorum, vir inluster.* Il ajouta *gratia Dei* à l'exemple de Charlemagne (Dom Bouquet, V, Diplom. Caroli Magni, 2, 5, 9 (769); 12 (770); 14 (771). Sickel, *Urkunden der Karolinger,* I, § 81, *Das Protokoll der Diplome Carlomanns,* p. 244, s.). — Ce raisonnement serait concluant si Trouillat avait publié le diplôme de Carloman d'après l'original, mais il n'avait à sa disposition qu'une copie. Or, chacun sait que l'on applique des règles différentes selon que la pièce dont il s'agit de reconnaître l'authenticité existe en original ou ne nous est parvenue que par une copie. Les copies d'un même original sont souvent très différentes. Les copistes ont travaillé négligemment, ils ont mal lu et ont changé les mots, ils n'ont pas pu lire, l'original présentait peut-être des lacunes, ils ont essayé de deviner ou de suppléer par ce qu'ils ont trouvé dans d'autres diplômes. Il suit de là que, pour reconnaître l'authenticité d'une pièce dont nous n'avons point l'original, « il faut s'attacher aux « éléments de l'acte qui présentent le plus de résistance aux altérations, qui « ne peuvent être modifiés par les copistes que sciemment et volontairement » (Sickel, *Urkunden der Karolinger,* I, § 112, p. 381, s.. Fustel de Coulanges, *La monarchie franque,* 1888, p. 21, s.). Ces éléments ne sont pas les formules de chancellerie, c'est le fond même de l'acte. Toutes ces règles de critique doivent être appliquées au diplôme de Carloman. Au point de vue du fond, la seule objection à l'authenticité de ce diplôme vient d'être écartée. Quant aux formules de chancellerie, ce sont bien celles en usage dans les diplômes de l'époque carolingienne (Sickel, *Beiträge zur Diplomatik* dans les *Sitzungsberichte der Akademie der Wissenschaften,* XLVII, 1864, p. 224). Seul le titre est défectueux. Mais nous avons, outre la copie publiée par Trouillat, au moins une autre copie. Dans un recueil manuscrit appartenant à Pierre Pithou (mort en 1596) se trouvait la copie des cinq plus anciennes pièces de l'abbaye de Moutier (diplômes de Carloman, de l'empereur Lothaire, 849; de son fils Lothaire, roi de Lorraine, 866; enfin, de Conrad, roi de la Bourgogne transjurane, 957). Or, dans la copie du diplôme de Carloman publiée par Labbe (*Éloges historiques des rois de France,* tome II de l'*Abrégé royal de l'alliance chronologique,* p. 450) et reproduite par Le Cointe (*Annales ecclesiastici Francorum,* V, 1673, p. 745) et par dom Bouquet (V, Diplom. Caroli Magni, 6, p. 716), nous lisons : Carlomannus, gratia Dei, REX FRANCORUM. Notum sit...

(1) *Gallia Christiana,* XV, instr. eccles. Basil., 13, col. 195.

BOURCARD (1072-1107), seigneur d'Asuel en Elsgau, fils d'Ulrich, comte de Féni (1).

Prend parti pour l'empereur Henri IV dans sa guerre avec Rodolphe de Souabe (1077), 109.

Construit une nouvelle enceinte à Bâle, 109.

Reçoit de Henri IV les droits comtaux dans le Buchsgau (1080) (2), 30.

Dote Saint-Alban de Bâle (1103), 59.

RODOLPHE II (1107-1122), comte de Honberg (Hombourg', dans le Sisgau, de la famille des grands avoués de l'église de Bâle (3).

Fonde et dote l'église Saint-Léonard de Bâle (1118), 60, 111.

ADALBÉRON IV (1134-1137), comte de Frobourg, près Olten (canton de Soleure). 43. P. J., 187 (4).

Son anniversaire célébré par la tribu des tanneurs à Bâle, 113.

LOUIS (1164-1176, 1178-1179), comte de Frobourg.

Appelle des bourgeois de Bâle dans son conseil (1164-1176), 162.

HENRI Ier (1180-1190), comte de Horbourg en Alsace. 43.

Fait condamner par Frédéric Barberousse les prétentions du grand avoué, Wernier, comte de Honberg (1180), 39.

Destitue cet avoué et le remplace par un *ministerialis* de l'église (1184-1190), 39, n. 7.

LUTOLD Ier (1191-1213), seigneur de Rœteln, près Lœrrach (grand-duché de Bade).

Fait rédiger le premier rôle des coutumes de la prévôté de Saint-Ursanne (1210) (4), 13. P. J., 190 (12).

Emprunte de l'argent à des artisans de Bâle (1213), 132.

HENRI II (1215-1238), comte de Thoune (canton de Berne). 39, n. 7, 162, 164, 166.

Obtient de l'empereur Frédéric II la cession d'un *ungelt* nouvellement établi à Bâle (1218, 12 sept.) (5), 229, n. 1.

Obtient la révocation du privilège par lequel cet empereur avait

(1) Chevalier, *Répertoire des sources historiques*, col. 364. *Supplément*, col. 2488. Abel Burckhardt, *Bischof Burchard* dans *Bilder aus der Geschichte von Basel*, 1877-1882, I.

(2) *Gallia Christiana*, XV, instr. eccles. Basil., 16, col. 197.

(3) *UB. Basel*, I, p. 370, p. 398.

(4) *Gallia Christiana*, XV, instr. eccles. Basil., 30, col. 211-214.

(5) *UB. Basel*, I, 91, d'après l'original. T., I, 314 = *Gallia Christiana*, XV, instr. eccles. Basil., 33, col. 216, d'après une copie du xve siècle.

octroyé un conseil à la ville de Bâle (1218, 13 sept.) (1), 2, 62, 81, 164, 229, n. 1.

Adjoint au conseil épiscopal le collège municipal des échevins (1221, 1236·, 166, 167.

Introduit des bourgeois de Bâle dans son conseil (1225), 162.

Confond le conseil épiscopal et le conseil de ville, 164.

Institue la tribu des pelletiers à Bâle (1226), 115.

Le conseil de Bienne existe sous le règne de Henri de Thoune, 154, n. 4.

LUTOLD II (1238-1249), comte d'Aarberg (Arbourg, canton de Berne).

Ses différends avec les bourgeois de Bâle au sujet de l'élection des conseillers de ville et des juges (1247), 164, 165.

Etablit à Bâle les deux tribus des bouchers et des maçons et charpentiers (1248), 105, n. 3, 116.

BERTHOLD II (1249-1262), de Ferrette, dans le Sundgau. Fils du comte Frédéric II.

Les bourgeois de Brisach le reconnaissent pour seigneur (1250), 4, n. 4.

Il reçoit l'abbaye de Frienisberg (entre Aarberg et Berne), dans la bourgeoisie de Bienne (1251), 206, n. 9, 209.

Obtient du conseil de Bâle la cession d'une propriété communale (1251), 155.

Confirme les franchises municipales de Brisach (1255), 10.

Fait rédiger les coutumes de la société des boulangers de Bâle (1256), 105, n. 3.

Institue à Bâle la tribu des tailleurs (1260), 114, 116, 126.

HENRI III (1262-1274), de Neufchâtel sur le lac. Fils du comte Ulrich III. 43, 163, 196.

Confirme les franchises communales de Brisach (1264), 10.

Les bourgeois de Rheinfelden se placent sous sa protection (1264), 4, n. 4.

Ses chartes pour divers corps de métiers de Bâle (1264-1271), 23, 74, 78, 116-118, 149, 155, 162.

Sa guerre avec Rodolphe de Habsbourg (1264-1273), 22, 72-76, 147-149, 178.

(1) *M. G. L. L.*, II, p. 229. *UB. Basel*, I, 92, d'après l'original. T., I, 315 = *Gallia Christiana*, instr. eccles. Basil., 34, col. 216, d'après le *Codex diplomaticus ecclesiæ Basileensis*, mss. du xive siècle aux archives de l'État de Berne, à Berne.

Il fortifie et érige en ville le Petit-Bâle, 144.

Achète du comte Ulrich de Ferrette une grande partie de son comté pour le lui rendre à titre de fief (1271), 31.

Chasse de Bâle les partisans de Rodolphe de Habsbourg ou *Stelliferi* (1271), 75, 181.

Octroie aux bourgeois du Petit-Bâle un abonnement pour les tailles (1274), 11.

Sa charte municipale pour Bâle ou *Handfeste*, 10, 66, 70, 74, 78-81, 154-157, 162, 165, 176, 181, 183, 184, 193, 228.

Cette charte a-t-elle introduit dans le conseil de ville des représentants des corps de métiers? 181.

Henri de Neufchâtel a-t-il créé la magistrature de maître-général des tribus de Bâle? 117.

Rapports du conseil épiscopal et du conseil de la ville de Bâle sous le règne de Henri de Neufchâtel, 162, 164.

HENRI IV (1275-1286), d'Isny, en Souabe. Fils d'un artisan. Etudiant à l'Université de Paris. Franciscain. Evêque de Bâle. Archevêque de Mayence. † 1288 (1). 22, 52, n. 2.

Jugement sur cet évêque, 22, n. 2.

Bons rapports de Henri d'Isny avec l'empereur Rodolphe de Habsbourg, 72, 76-78, 124.

Obtient de Rodolphe de Habsbourg une charte municipale pour Bienne (1275), 10, 78

Chargé d'une mission impériale auprès du pape (1276), 77.

Services qu'il rend à l'empereur dans la guerre avec le roi de Bohème Ottocar (1278), 3, 77.

Rodolphe de Habsbourg lui accorde l'abandon des péages impériaux à Bâle (1279), 37.

Arbitre des différends entre Rodolphe de Habsbourg et le comte de Savoie (1282), 77.

Fait la guerre au comte Renaud de Montbéliard, avec l'aide de l'empereur (1283) (2), 77.

Obtient de l'empereur :

1° Une charte de franchises pour la ville de Porrentruy (1283) (3), 11, 174.

2° La défense de recevoir bourgeois de Delle (Haut-Rhin, arron-

_________

(1) Chevalier, *Répertoire des sources historiques*, col. 1028.

(2) Sur cette expédition, v. le nouveau livre de M. Paul Fournier, *Le royaume d'Arles et de Vienne*, 1891, p. 256, s..

(3) V. cette charte en fac-similé dans l'*Histoire des évêques de Bâle*, par M. le doyen Vautrey, II, 1885, p. 262.

dissement de Belfort) les *homines proprii* de l'église de Bâle (1284),
124.

3° Une charte de libertés pour le Petit-Bâle (1285), 11.

Sa participation au *Stadtfrieden* établi par Rodolphe de Habsbourg
à Bâle (1286), 10, 78.

Est chargé par l'empereur d'une nouvelle mission auprès du pape
(1286), 77.

PIERRE I<sup>er</sup> (1286-1296), Reich de Reichenstein.
Sort d'une famille de *ministeriales* de l'église de Bâle, 130. N. et
A., 3.

Est du parti des *Stelliferi*, 179. N. et A., 5.

Tente la réconciliation des deux partis Bâlois des *Stelliferi* et des
*Psittaci* (1286), 136. N. et A., 14, n. 5.

Sa querelle avec le chevalier Jean d'Arguel, chef du parti populaire, dans le conseil de Bâle (1286), 163.

Guerroye le comte de Montbéliard avec l'assistance de Rodolphe
de Habsbourg (1287) (1), 147.

Accorde l'exemption des tailles et des corvées aux bourgeois de
Porrentruy (1289), 12.

Ses chartes municipales pour Delémont (1289), 10. P. J., 190 (**17**).
Laufon (1295), 11.

Son *Stadtfrieden* pour Bienne (1296), 10.

PIERRE II (1296-1306), d'Aspelt, en Tyrol. Médecin et chapelain de Rodolphe de Habsbourg. Evêque de Bâle. Archevêque de
Mayence. † 1320 (2). N. et A., 5.

Son *Stadtfrieden* pour Bienne (1300), 10. P. J., 85.

Devance l'empereur Albert d'Autriche pour l'acquisition de Liestal
et du territoire de cette ville (1305) (3), 177.

Fait promettre au conseil de Bâle de ne point donner droit de
bourgeoisie aux gens de Liestal (1305), 124.

OTHON (1306-1309), de la famille noble de Grandson, au lac de
Neufchâtel. Evêque de Toul. Evêque de Bâle (4). 43. P. J., 168,
n. 1.

L'empereur Albert lui refuse les régalies (1307), 177.

Othon cherche à apaiser l'empereur (1308), 179.

Il soulève le peuple de Bâle contre les chevaliers partisans de
Habsbourg (1308), 179.

<hr>

(1) Paul Fournier, *Le royaume d'Arles*, p. 273, s..
(2) Chevalier, *Répertoire des sources historiques*, col. 1804.
(3) *Gallia Christiana*, XV, instr. eccles. Basil., 60, col. 238.
(4) Chevalier, *Répertoire des sources historiques*, col. 1697.

GÉRARD (1310-1325). De la famille noble de Wuippens, près Bulle (canton de Fribourg) (1). Evêque de Lausanne. Evêque de Bâle, 43. P. J., 168, n. 1.

Fonde la Neuveville au lac de Bienne (1313), 31, 144.

Sa charte municipale pour la Neuveville (1318), 11.

HARTUNG MUNCH (1325-1328), évêque élu par le chapitre de Bâle, non reconnu par le pape, 58, n. 4. P. J., 168, n. 1.

Accorde deux marchés annuels à la ville de Bienne (1327), 63, n. 2.

JEAN Ier (1325-1328), de Châlon-sur-Saône. Fils de Jean, seigneur d'Arlay et de Marguerite de Bourgogne. Evêque de Bâle nommé par le pape Jean XXII. Evêque de Langres avec le titre d'administrateur de l'évêché de Bâle (1328-1335). P. J., 168, n. 1.

JEAN II (1335-1365), fils de Bourcard Senn, seigneur de Munsingen (canton de Berne) et de Jeanne de Bucheck (2). P. J., 168, n. 1.

Décide qu'aucun bourgeois de Bâle non issu d'une famille noble du côté paternel ne peut faire partie du chapitre de la cathédrale (1337, 22 mars) (3), 183, 184, 246.

Renouvelle la charte municipale de Henri de Neufchâtel et admet de nouveau les marchands et les artisans dans le conseil de ville (21 juin), 181, n. 3, 184.

Accorde un *ungelt* à la bourgeoisie de Porrentruy (1337), 12.

Octroie à la Neuveville un marché et un *ungelt* (1338, 6 juill.), 11, 63, n. 2.

Donne à la commune de Saint-Ursanne le droit d'établir des tailles sur ses bourgeois forains (*usburgeri*, 7 sept.), 168, n. 2. P. J., 195 (**31**).

Accorde aux bourgeois de Delémont le droit d'*ungelt* (10 oct.), 11. P. J., 190 (**20**).

Révolte des bourgeois de Bienne (1338), 216.

Confère le droit d'*ungelt* aux bourgeois de Laufon (1339), 11. P. J., 191 (**21**).

Participe à la ligue de Bâle avec Zurich (1345), 215.

(1) Chevalier, *Répertoire des sources historiques*, col. 856.

(2) Homo mansuetus, pius, zelator pacis, amator cleri et populi, ac totius episcopatus fortalitiorumque reformator (Nicolai Gerung *Chronica*, T., IV, 99). De même : Ochs, *Geschichte der Stadt Basel*, II, p. 43 ; le pasteur Morel, *Abrégé de l'histoire du ci-devant évêché de Bâle*, p. 76 ; Blœsch, I, p. 94.

(3) *Gallia Christiana*, XV, instr. eccles. Basil., 68, col. 247.

Deuxième charte d'*ungelt* pour Porrentruy (1346), 12.

Jean Senn se prononce pour Charles IV de Luxembourg contre Louis de Bavière. Il ne peut déterminer Bàle à suivre son exemple (1346), 3, 183.

Il édicte un *Stadtfrieden* à Bienne (1352), 10.

Octroie une charte municipale à la Neuveville (1353), 11, 46, n. 5.

Institue à Bàle la tribu des pêcheurs et bateliers (1354), 105, n. 3, 115, 125, 183.

Donne un *Stadtfrieden* à Delémont (1356), 11, 227. P. J., 100.


Jean III (1365-1382), comte de Vienne, d'une grande famille de Bourgogne. Archevêque de Besançon (1355-1361). Évêque de Metz (1361-1365). Évêque de Bàle (1), 22, 24, n. 4, 124, 179. P. J., 168, n. 1.

Jugement sur cet évêque, 217, n. 3.

Différend de Jean de Vienne avec les Bàlois au sujet du renouvellement de la charte de Henri de Neufchàtel (1366), 81.

L'évêque s'oppose aux ligues formées par les villes du domaine temporel, 62, 217-219.

Il expose ses griefs contre Bàle à l'empereur Charles IV (1366), 218 (2).

Il entre avec la ville de Bàle dans le *Landfried* alsacien (1366), 219.

Sa guerre avec les bourgeois de Bienne (1367), 176, 180, 216, 219.

Il donne une charte municipale à la Neuveville (1368), 11, 124.

Stipule dans cette charte que la Neuveville ne fera aucune alliance sans la permission de l'évêque, 219.

Enlève aux bourgeois de Bienne divers priviléges pour les transporter aux bourgeois de la Neuveville (1368), 216.

Fait dresser le deuxième rôle de la prévôté de Saint-Ursanne (1369), 13 (3).


(1) Cui (Johanni Senn) successit episcopus *Johannes* de *Vienna, Gallicus*, sibi in omnibus omnino contrarius (Nicolai Gerung *Chronica*, T., IV, 99). Turbulenti ingenii princeps (Urstisius, p. 302). — Sur la famille des comtes de Vienne, v. Nicolas Chorier, *Le nobiliaire de la province de Dauphiné*, Grenoble, 1697, III, p. 586 et s.; de la Chenaye-Desbois et Badier, *Dictionnaire de la noblesse*, 3ᵉ édit., 1877, XIX, col. 712-721; Chevalier, *Répertoire des sources historiques*, col. 2297; Lemonnier, *De ministris cubiculi Caroli quinti*, 1887, p. 54; Paul Fournier, Maignien et Prudhomme, *Catalogue général des manuscrits de la bibliothèque de Grenoble*, 1889, p. 427.

(2) V. encore Böhmer-Huber, *Regesta Imperii*, VIII (1889) 4367, 4368 (14 sept. 1366), 4432 (4 nov.).

(3) *Gallia Christiana*, XV, supplem. instr. eccles. Basil., 8, col. 281-285.

Proteste sans succès contre l'établissement du conseil secret par la commune de Bâle (1373). 192, 229.

Fait la guerre aux bourgeois de Bâle (1374), 180.

Engage le Petit-Bâle au duc Léopold d'Autriche en garantie du remboursement des dépenses faites pour aider l'évêque dans sa guerre contre Bâle (1375), 177.

Appauvrit les finances de l'évêché par ses guerres, 201.

Accorde un *ungelt* à la ville de Saint-Ursanne (1378) (1), 12. P. J., 106.


ꝑ Imier (1382-1393), seigneur de Ramstein. Évêque élu par le chapitre, confirmé par le pape Urbain VI. P. J., 168, n. 1.

Sa guerre avec Wernier Schaler, évêque nommé par l'antipape d'Avignon, achève la ruine des finances épiscopales, 201.

Il donne une charte de libertés à la Franche-Montagne (1384) (2), 24, n. 3.

Veut céder l'évêché au duc d'Autriche. Inquiétude des bourgeois de Bâle à ce sujet (1384), 25, s.

N'ose pas supprimer la maîtrise des échevins à Bâle, 189.

Accorde une charte municipale à Bienne (1388) (3), 10, 46, n. 5.

Arbitre d'un différend entre Bienne et la Neuveville. Son jugement n'est pas accepté par Bienne (1390), 216. P. J., 123, § 11.


Conrad (1393-1395). Münch de Landskron.

D'une famille de chevaliers de l'église de Bâle, 58, 188.


Humbert (1395-1418), de Neufchâtel en Bourgogne (Doubs, arrondissement de Montbéliard), 22, 43, 179, 191. P. J., 142, 165, 168, n. 1, 195 (**33**).

Jugement sur cet évêque, 22, n. 3.

Humbert engage la bourgeoisie de Bâle à donner droit de cité aux habitants du Salsgau (1407), 209, s. P. J., 134, 135.

Autorise le chapitre de Moutier-Grandval à se faire recevoir dans la bourgeoisie de Soleure. P. J., 137.

Obtient de l'empereur la suppression de la maîtrise des échevins rétablie par les Bâlois malgré sa défense (1410) (4), 190, 229.

---

(1) *Gallia Christiana*, XV, supplem. instr. eccles. Basil., 12, col. 289.

(2) *Gallia Christiana*, XV, supplem. instr. eccles. Basil., 15, col. 292.

(3) *Gallia Christiana*, XV, supplem. instr. eccles. Basil., 16, col. 293-296.

(4) Ob introductum officiorum magistratum uulgo *des Ammeisterthumbs*, contra Episcopi uoluntatem, *Basileenses* coram Cæsare causam dicere coacti sunt (Urstisius, p. 169). Les Bâlois furent représentés devant l'empereur par l'*achtburger* Nicolas Murer.

HARTMANN (1418-1423). Münch de Münchenstein. P. J., 168, n. 1.

D'une famille de chevaliers de l'église de Bâle, 58, n. 4, 188. N. et A, 3.

La bourgeoisie de Bienne soutient ses confédérés de Berne dans la guerre du Haut-Valais, malgré la défense de l'évêque (1419), 215.

JEAN IV (1423-1436), seigneur de Fleckenstein, en Alsace. Abbé du monastère de Seltz, au diocèse de Strasbourg. Évêque de Bâle (1). P. J., 168, n. 1.

Accorde certains priviléges aux bourgeois de Delémont (1423) (2). P. J., 179, n. 1.

Requiert l'aide des bourgeois de Bienne pour sa guerre avec Thibaut, comte de Neufchâtel en Bourgogne (1423) (3), 147.

Juge la plainte de deux bourgeois de Saint-Ursanne exclus du conseil de cette ville, et ordonne que, toutes les fois que le nouveau conseil s'adjoindra l'ancien conseil, ces bourgeois seront appelés à siéger (1429). P. J., 36.

Fait rédiger le rôle allemand de la mairie de Saint-Ursanne, 14. P. J., 44.

Sa lettre de franchises pour la prévôté de Saint-Ursanne (1436), 14, n. 1 ; 24, n. 3 ; 60, n. 5 ; 61, n. 1. P. J., 185.

FRÉDÉRIC II (1437-1451), ze Rhein. P. J., 168, n. 1.

D'une famille de chevaliers de Bâle, 188. N. et A., 17.

Obtient de l'empereur Frédéric III le privilége qu'aucun sujet de l'église de Bâle ne pourra être traduit devant une justice étrangère à l'évêché (1442), 35. P. J., 139.

Les bourgeois de Bienne refusent à l'évêque le service militaire contre les Armagnacs (1444), 85.

---

(1) Durch seltene Vereinigung zugleich ein würdiger Bischof und ein thätiger Fürst (Blœsch, I, p. 200).

(2) Le *Répertoire des documents de Delémont* (v° prels) résume ainsi ces privilèges : Chaque bourgeois peut jouir de ses prels tant en foin qu'en regain depuis la Notre Dame de Caresme jusques a la Saint Gall. Chacun peut enfermer son prel ou champ avec une haie, et d'un champ en faire un clos ou jardin et le jouir pour tel pendant qu'il sera fermé. Pourra aussi d'un champ en faire un prel sur lequel on ne pourra charrier, mener le bétail ou hager par dessus pendant qu'il sera fermé ; mais barre étant oté, il reprendra sa première nature. Le maire et le magistrat connaîtront des amendes qui se feront à ce sujet.

(3) V. sur cette guerre *Basl. Chron.*, IV, p. 35, s.

Frédéric ze Rhein médiateur entre la bourgeoisie et la féodalité pendant la guerre de Bâle avec l'Autriche (1444-1449). N. et A., 18, 22.

Emeute des tribus de Bâle provoquée par l'une de ses tentatives de médiation (1449). N. et A., 28.


ARNOLD (1451-1458), de Rotberg (1). P. J., 168, n. 1.

D'une famille de chevaliers de Bâle (2), 188.

Il régle l'*ungelt* et le banvin à Saint-Ursanne (v. 1455), 12. P. J., 107.


JEAN V (1458-1478), de Venningen, d'une famille noble de Niedenstein au diocèse de Worms. P. J., 168, n. 1.

Jugement sur cet évêque, 217, 218, n. 1 (3).

Donne une charte d'*ungelt* à Delémont (1461), 11. P. J., 198 (**45**).

Nouveau règlement de l'*ungelt* et du banvin à Saint-Ursanne (1463), 12. P. J., 110.

Céde la haute justice à la commune de Bienne (1468), 220. P. J., 160.

Nouvelle charte relative à l'*ungelt* pour Saint-Ursanne (1469), 12. P. J., 197 (**42**).

Jean de Venningen fait annuler par l'empereur les ligues formées par les villes de l'évêché avec des Etats étrangers (1471), 217, 219.

Accorde un *ungelt* à Laufon (1473), 11. P. J., 104.

Entre avec Bâle et Bienne dans la ligue de la Haute-Allemagne contre Charles le Téméraire (1474), 215, 219.

Lève une armée de bourgeois et de paysans pour la guerre de Bourgogne (1474), 150.

Réside habituellement hors de Bâle, 240, n. 4.

Rassemble dans une plainte à la ligue de la Haute-Allemagne ses griefs contre Bâle au sujet de la souveraineté des évêques dans la ville (4), des *ungelts*, tailles, péages établis par les Bâlois sans l'au-

---

(1) Jugé ainsi dans les *Livres du conseil* de Bâle : An des selben herren abgang der stat und dem lande ubel beschach. Denn er eyn frommer geistlicher und fridlicher furst, und zu allen zweyungen guetlich oder rechtlich hin ze legen willig und unverdroszen gewesen ist (*Basl. Chron.*, IV, p. 60, l. 21, s.).

(2) Il nomme son frère maître-bourgeois de Bâle pour l'année 1451-1452 (*Basl. Chron.*, IV, p. 57, l. 23; p. 308, l. 3).

(3) Ein erfahrener Mann und friedliebender Herr (Blœsch, I, p. 241).

(4) Cives *Basilienses* nolebant... subesse episcopo et capitulo... sicut ipsi pretendebant debere fieri juxta antiquam consuetudinem (*Basl. Chron.*, III, p. 118, l. 30).

torisation de l'évêque, et des empiétements de la justice communale sur la justice ecclésiastique (1477), 229.

Plaide avec la bourgeoisie de Bâle devant la diète de la ligue (1477), 215.

Il cherche dans la ligue des partisans contre Bâle (1477), 217.

La commune de Bâle veut chasser le clergé de la ville et s'emparer de ses biens (1477), 200.

Le conseil de Bâle interdit l'appel à l'évêque (1478), 220.

GASPARD (1479-1502), ze Rhein, neveu de l'évêque Frédéric ze Rhein. P. J., 168, n. 1, 184, 193 (**35**).

Ses différends avec la ville de Bâle sur le point de savoir si elle est ville impériale ou épiscopale (1), 233, s.

Juge d'une querelle entre le chapitre et les bourgeois de Saint-Ursanne au sujet des serments réciproques du prévôt du chapitre et des bourgeois (1479), 81. P. J., 181 et s.

Est en difficulté avec la commune de Bienne relativement à la nomination du maire (1490-1493), 85, 86.

Résout une contestation entre le chapitre et la bourgeoisie de Saint-Ursanne au sujet du droit de banvin (1495). P. J., 31, n. 1.

Garde, ainsi que Bâle, la neutralité pendant la guerre de Souabe (1498) (2), 213.

CHRISTOPHE (1502-1527), d'Utenheim, vicaire-général de l'ordre de Cluny pour l'Allemagne, puis évêque de Bâle (3).

---

(1) On peut voir dans un passage des *Livres du conseil* de Bâle combien les rapports de l'évêque et de la ville furent mauvais. Gaspard ze Rhein vient de mourir. Le doyen du chapitre, Jérôme de Weyblingen, comparaît devant le conseil pour lui annoncer, selon l'usage, la mort de l'évêque. « Les conseillers, après en avoir délibéré, expriment leur étonnement de ce que l'évêque étant mort le mardi, le décès n'ait pas été porté à leur connaissance avant le samedi. Ils se rappellent d'ailleurs combien Sa Grâce l'évêque défunt s'est montré, dans son gouvernement, désagréable (*ungnediger*) et malveillant (*unfrunllicher*) pour la ville. Aussi pensent-ils que la mort de l'évêque leur est indifférente, et qu'il y a lieu de s'abstenir des regrets que l'on avait coutume de manifester à l'occasion du décès de ses prédécesseurs » (Der ursachen halb wir wol ursach gehept, daz ein raut sollichen abgang glich daby hett lassen bliben, und einichs clagens noch erbiettens, wie das in andrer siner vorfaren abgang bescheen, nit not vere. *Basl. Chron.*, IV, p. 85, l. 27).

(2) Frey, *Ueber Basels Neutralität während des Schwabenkrieges* (*Beiträge zur vaterländischen Geschichte*, X, 1875).

(3) *Erasmus Roterodamus* eruditorum Germaniae Phaenix... a *Christophoro Vtenhemio*, episcopo *Basiliensi* doctissimo placidissimoque mirifice adamatus,

Les bourgeois de Bâle lui demandent la révision de la charte de Henri de Neufchâtel (1503), 80.

Il abroge cette charte et la remplace par une charte nouvelle (1506), 10, 70, 81.

Nicolas de Diesbach (1519-1526), patricien de Berne, coadjuteur de Christophe d'Utenheim.

La commune de Bâle se prétend dégagée de la charte de Christophe d'Utenheim, par la nomination d'un coadjuteur (1519), 82.

Plainte inutile du coadjuteur au conseil de Bâle au sujet de sa tolérance à l'égard des prédications évangéliques (1522), 242, n. 2.

Le coadjuteur réclame sans résultat le rétablissement de la charte de 1506 et du cens foncier supprimés par ordonnances du conseil de 1521 et de 1524 (1525), 242.

Se plaint des empiétements de la bourgeoisie de Saint-Ursanne sur les droits de justice de l'évêque, pendant la guerre des paysans (1526). P. J., 176, n. 1.

Philippe (1527-1553), de Gundelsheim. D'une famille noble de Franconie. P. J., 149, n. 6; 168, n. 1.

Sa tentative inutile auprès du conseil de Bâle pour rétablir la charte de 1506 (1528), 243.

Il transporte la justice ecclésiastique à Altkirch (1529), 241.

Proteste vainement contre l'entrée de Bienne dans la ligue chrétienne (1529), 242.

Melchior (1553-1575), de Lichtenfels.
Auteur du rôle d'Erguel (1556), 14. P. J., 202.

Guillaume (1608-1628), Rinck de Baldenstein. P. J., 154, n. 2.

FIN DE LA TABLE CHRONOLOGIQUE.

ut nuspiam maiore cum uoluptate uersari uideretur (Urstisius, *Epitome historiæ Basiliensis*, p. 88). Doctissimus atque dignissimus præsul, bonarum artium et canonum doctor (p. 307)

# ERRATA.

## Tome I<sup>er</sup>.

P. 55, 57, 122, 137, 156, 158, 163, au lieu de *dientsmann*, lisez *dienstmann*

P. 8, l. 6 à partir du bas, au lieu de *unb*, lisez *und*.

P. 12, l. 11, au lieu de 1381, lisez 1388.

P. 13, l. 7 à partir du bas, au lieu de II, lisez I.

P. 89, l. 15, au lieu de *Rubendorf*, lisez *Bubendorf*.

P. 102, avant-dernière ligne, au lieu de 621, lisez 261.

P. 142, l. 16, au lieu de *du steuer*, lisez *de la steuer*.

P. 144, l. 4, au lieu de *Henri d'Isny*, lisez *Henri de Neufchâtel*.

P. 146, l. 4 à partir du bas, au lieu de *eyiner*, lisez *eymer*.

P. 177, l. 7, au lieu de *Après la mort de l'évêque*, lisez *Après le départ de l'évêque*.

P. 215, l. 3 à partir du bas, au lieu de p. 18, lisez p. 118.

P. 238, l. 8, au lieu de 1521, lisez 1515.

## *Notes et Appendices.*

P. 43, l. 32, au lieu de XV, lisez XIV.

## Tome II.

P. 104, l. 8, au lieu de *aber*, lisez *uber*.

P. 105, l. 10, au lieu de *ougsthinberlich*, lisez *ougschinberlich*.

P. 187, l. 4, au lieu de 65 (878), lisez 67 (884).

BAR-LE-DUC, IMPRIMERIE CONTANT-LAGUERRE.

# ADDENDA.

Adolphe Tardif, *Histoire des sources du droit francais*, Origines romaines, 1890, liv. III, chap. VI, le droit romain dans les recueils de formules mérovingiennes et carolingiennes, p. 171-177; chap. VII, le Droit romain dans les diplômes et chartes des deux premières races, p. 178-182.

P. 4, n. 2. — Breslau, *Der Titel der Merowinger Könige* (*Neues Archiv*, XII). Pirenne, *La Formule N. rex Francorum v. inl.* (*Comptes-rendus de la commission royale d'histoire de Belgique*, 4ᵉ série, XIII). J. Havet, *Compte-rendu critique* (*Bibliothèque de l'École des chartes*, XLVIII, 1887, p. 127). J. Havet, *La donation d'Etrépagny* (*Bibliothèque de l'École des chartes*, LI, 1890, p. 217, 231, 233).

P. 8, n. 4. — Conrat, *Zur lex romana Curiensis* (*Zeitschrift Savigny*, X, german. Abtheil., p. 239).

P. 19, n. 1. — *Bullettino dell' Istituto di Diritto Romano*, I, 1888 : Scialoja, *Nuove tavolette cerate pompeiane*, p. 5; Alibrandi, *Sopra una tavoletta cerata scoperta a Pompei il 20 settembre 1887*, p. 16. Hoc denique videndum est quod, quum ad præcipuas legum romanarum et juris romani usus reliquias colligendas inchoatum volumen nuperrime ad finem perduceret, de tabulis Pompeianis scribebat Girard, *Textes de droit romain*, 1890 (IIIᵉ partie, les actes), p. 704, s., 731, s.

P. 90, n. 2. — A. Tardif, *Histoire des sources du droit français*, liv. III, chap. V, le droit romain dans les lois Salique, Ripuaire et Gombette.

P. 92, n. 1. — *De verbo* ambascia v. D'Arbois de Jubainville, *De quelques termes du droit public et du droit privé qui sont communs au celtique et au germanique* (*Nouvelle Revue historique de droit*, XIV, 1890, p. 709).

P. 97, n. 7. — Fustel de Coulanges, *L'alleu et le domaine rural pendant l'époque mérovingienne*, 1889, p. 344.

# EMENDANDA.

P. 8, l. 3 : VI° sæculo.

P. 12, l. 8 : Lirinense.

P. 15, l. 23 : quas, l. 24 : inductas; l. 26 : diversas.

P. 21, l. 9 : officio.

   — l. ult. : *Biturici.*

P. 30, l. 11 : quæ.

P. 42, l. 12 : vel ejus procurator.

P. 44, l. 11 : curialis.

P. 46, l. 13 : eversum esset.

P. 64, l. 11 : vocare.

P. 103, l. 15 : quos.

BAR-LE-DUC, IMPRIMERIE CONTANT-LAGUERRE.